JN106372

一発合格！

公認心理師
事例問題
得点力アップ問題集

山崎有紀子［著］

ナツメ社

Contents

はしがき

　公認心理師試験対策講座を実施する中で，受験生の方から多くのご質問をいただきます。中でも事例問題の解き方に関するご質問は非常によく聞く定番の質問です。

　事例問題は，一般問題に比べて配点が高く，確かに受験生としては落としたくない問題かと思います。実際のところ，事例問題は全体としての難易度は高くありません。しかし，それでも事例問題が得意な受験生と苦手な受験生に分かれる印象があります。事例問題が苦手な受験生の場合，過去問を繰り返し解いて，しっかり勉強しているつもりでも，新たな事例問題に挑戦すると間違えてしまう……ということがあるようです。

　本書では，これまで公認心理師試験で出題された事例問題を分析し，**事例問題で正答を導くためのポイントを解説しています**。「事例問題は苦手だ」という方は，まず「事例問題の傾向と対策」を読んでから，過去問に挑戦してみてください。

　また，事例問題のパターンに慣れることも大切です。本書では，オリジナルの事例問題も多数用意しました。ぜひ**事例問題に慣れるためのトレーニングとして活用してください**。

　本書作成にあたり，多くの先生方に分担執筆をしていただいたり，内容に関するご助言をいただきました。また，受験生（または元受験生）の方々からの試験に関するご質問や感想も本書を作成する上でなくてはならない貴重な情報でした。この場を借りて，厚くお礼申し上げます。

　最後になりましたが，読者の皆様が本書を活用し，公認心理師試験に合格されることを心よりお祈り申し上げます。

山崎有紀子

本書の使い方

事例問題に挑戦！
本書は，過去問とオリジナル問題を
合わせて 65 問掲載しています。

各事例を
知識・査定・対応
の3つに分類

高齢期の発達心理学 知識

問 79 歳の男性A。3人の子どもが独立した後，Aは妻と二人暮らしだったが，1 年前にその妻に先立たれた。妻の死後しばらくは，なぜか丈夫な妻が自分よりも早く死んだのかという思いが強く，怒りのような感情を覚えることが多かったが，最近はむしろ抑うつ感情が目立つようになってきている。近くに住む娘に，20歳から 30 歳だった頃の話を突然し始めたり，その一方で「自分のこれまでの人生は無駄だった，もう生きていてもしょうがない」というような発言が増えてきたりしている。また，本人は自覚していないが，既にやり終えたことを忘れてしまうことも少しずつ生じてきている。

Aの心理状態の説明として，<u>不適切なもの</u>を1つ選べ。
① 絶望
② 認知機能の低下
③ レミニセンスバンプ
④ 補償を伴う選択的最適化
⑤ 妻の死の受容過程の初期段階 （2019年試験 問71）

★ ワンポイント解説
Aは複数の心理状態を示しているため，その一つひとつを的確に捉えることができるかどうかが鍵となる。

🅰 キーワード
レミニセンスバンプ ▶P.71
サクセスフルエイジング
▶P.72-73
エリクソン ▶P.72
死の受容過程 ▶P.71,141

それぞれの心理〔状態〕と選択肢との対応を確認しましょう

解答・解説

答え

① ×
「自分のこれまでの人生は無駄だった，もう生きていてもしょうがない」というような発言は〔…〕
➡ 🅰 E. H. Erikson（エリクソン）〔…〕課題の失敗である「絶望」〔…〕（不適切）

② ×
本人は自覚していないが，既にやり終えたことを〔忘〕れてしまうことも少しずつ生じてきている
➡ 認知機能の低下が示唆される。特に，本人に〔自〕覚がないため，加齢よりは認知症によると考えられる。（適〔切〕）

③ ×
娘に，20歳から 30 歳だった頃の話を突然し〔始〕めたり。
➡ 人生で経験した出来事に関する記憶（自〔伝的記憶〕）の想起のしやすさは年齢によって異なり，青〔年期の記憶〕は比較的想起しやすいとされる。この傾向を〔レミニセン〕スバンプ（reminiscence bump）とい〔…適切〕

④ ○
➡ 🅰 サクセスフルエイジングの理論の一〔…〕あり，これに相当する情報は設問中にはない。（不〔適切〕）

⑤ ×
（妻の死に対して）怒りのような感情を覚え〔…が多かった〕が，最近はむしろ抑うつ感情が目立つように〔…〕ている
➡ E. Kübler-Ross（キューブラー＝ロス〔…〕🅰 死の受容過程として，否認，怒り，取り引き，〔…〕受容の5段階を挙げている（P.141 参照）。（適切）

ワンポイント解説
キーワード
問題の要点を
すばやく確認

赤シートで繰り返し復習！
解答や重要語句を付属の赤シートで隠し，繰り返し復習して苦手をなくしましょう。

関連知識で実力アップ！
覚えたことを体系的に捉え直し，より確かな知識として定着させましょう。

3段階の難易度表示

関連知識

難易度 ★★★

【 E. H. Erikson（エリクソン）の心理・社会的発達段階 】

E. H. Erikson は，人の発達を8段階に分け，段階ごとに乗り越えるべき／獲得すべき課題があるとした。特に，青年期の課題である「自我同一性（アイデンティティ）」は E. H. Erikson が提唱した概念であり，時空を超えた自己の斉一性と連続性の感覚のことで，他者によっても認められ，個人と文脈が相互に影響し合うという性質を持つ。つまり，過去から現在，未来にかけて連続した「自分とは何か」という問いに対する答えであり，老年期においてその統合がなされる。

時期（年齢）	心理的課題	得られる徳（活力）
乳児期 (0-2)	基本的信頼 対 不信	希望
幼児期前期 (2-4)	自律性 対 恥・疑惑	意志
幼児期後期 (4-6)	自発性 対 罪悪感	目的
児童期 (6-12)	勤勉性 対 劣等感	有能感
青年期 (12-20)	自我同一性の確立 対 拡散	忠誠
成人期 (20-40)	親密性 対 孤独	愛
中年期 (40-65)	生殖性 対 停滞	世話
老年期 (65-)	自我の統合 対 絶望	知恵（英知）

【 サクセスフルエイジングの理論 】

サクセスフルエイジングとは，長寿で健康，生活満足度・主観的幸福感が高い状態を意味する。次に，この状態を保つための理論を紹介する。

活動理論	活動性や社会的関係を高く維持することを重視する理論。
離脱理論	高齢期以前の活動性や社会的関係からの離脱を重視する理論。高齢期の離脱は，高齢者自身にとって不可避的事態であると同時に，後進の育成にとって重要であると考えられた。
持続理論	高齢期以前から各人の持続性を重視する理論。例えば，同一性の主観的感覚の保持や，対人関係等が引き続いている。以前からの持続性が過小では急激な変化に対応しきれず，過大では停滞感から遅滞するため，程よい最適な持続性が求められる。
老年期超越論	物質的で合理的な世界観を持って，宇宙的な世界観を持つこと。宇宙（普遍）的次元，自我の次元，社会と自分との関係次元の3次元からなる。
社会情緒的選択理論	生きる時間が限られていると認識した時，ポジティブ感情の経験を重視し，親密な他者との関わりの時間を増やすこと。
補償を伴う選択的最適化（SOC）理論	高齢期に避けがたい能力低下のような喪失への対処として，その能力の発揮を要する領域を選択し，従来とは異なる代替的な方略を用い，能力低下を補償することを目指す。

近年，高齢化が進む日本社会において，高齢期の発達は重要な領域の一つです。

72

基礎心理学 73

発達心理学

図表で整理！
重要語句の位置づけや対応関係を視覚的に把握しましょう。

考え方のコツや試験によく出るポイントなど，本番で役に立つアドバイス

7

事例問題の傾向と対策

1 試験問題について

　公認心理師試験の問題はマークシート形式で出題され，**全154問**で構成されています。さらにこれらの問題は，**一般問題**と**事例問題**に分かれます。それぞれの問題数については以下の表のとおりです。

	午前	午後	合計
一般問題	58問	58問	116問
事例問題	19問	19問	38問
合計	77問	77問	154問

　また，**一般問題**と**事例問題**では配点も異なります。

	配点／問	問題数	合計
一般問題	1点	116問	116点
事例問題	3点	38問	114点
合計		154問	230点

　このように，事例問題は1問3点と配点が大きく，問題数こそ少ないものの，得点ベースで考えると230点満点中114点とほぼ5割を占めています。**わずか数問の事例問題の失点が合否に大きく影響することもあるでしょう。**

　したがって，受験生の皆さんは，試験で確実に得点が取れるよう，事例問題の傾向や解答のポイントを理解して，勉強することが大切です。

❷ 事例問題のタイプ

　過去に出題された事例問題を整理すると，以下の2タイプに分けることができます。

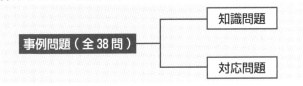

知識問題

　事例問題の形式で知識を問う問題です。社会心理学や発達心理学といった基礎心理学領域，研究法や統計の領域から出題される傾向にあります。これらの問題は，一般的に事例に関連する適切な用語を選択することが求められます。知識があれば解けるし，なければ解けない問題です。ブループリント（公認心理師試験設計書）のキーワードや，過去問，市販のテキストなどを利用して，試験で求められる知識をしっかりと着実に身につけておきましょう。

対応問題

　対応問題とは，事例中の要支援者に対してどのような対応が適切か，あるいは不適切かを選択する問題です。**事例問題の大半がこの対応問題になります。**

　「対応を問う事例問題はなんとかなる」と楽観的に考えている受験生もいるかもしれませんが，それは大きな誤解です。実はこの対応問題こそ，出題の特徴や傾向をしっかりと理解し，準備することが欠かせません。

　次項では，この対応問題について詳しく解説していきます。

❸ 対応問題の対策

　対応問題の中には，知識がなくてもその場で考えれば正答できるようなものもあります。いわゆる「カン」の働く受験生，現場経験の豊富な受験生ならば，特に勉強していなくても，心理師としての「常識」や「推測」，極端にいえば「なんとなくフィーリング」で正答できることもあります。

　しかし，そういった問題はそれほど多くはありません。むしろ対応問題は，**背景にある法律，ガイドライン，マニュアルなどの知識に基づいた解答を求めるものがほとんどです。**対応問題は，その場で考えれば正答を導き出せるサービス問題ではないと心得ましょう。

　まずは，実際に出題された対応問題を見てみましょう。

出題例1 　小学校で原因不明の爆発事故が起こり，多数の負傷者がいると通報があった。所轄警察署に勤務する公認心理師は事故発生後，他の署員とともに直ちに事故現場において被害者支援を行った。

　事故の連絡を受けて駆け付けた保護者への公認心理師の優先される対応として，適切なものを1つ選べ。

① 報道機関の取材に応じる。
② 保護者が希望しない限り，情報提供を控える。
③ 学校教職員から保護者に説明する場を設定する。
④ 免許証などにより保護者を確認し，部外者の侵入を防ぐ。
⑤ 関係者と協力して児童の状況について情報を集め，保護者に提供する。　　　　　　（2018年追試 問63）

正答は⑤

「聞きなれないケースだな……」と，解答に悩んだ人も多い問題だと思います。事例の状況を想像して「自分だったらこうするだろうな」と考えたり，事例と類似した現場経験を思い出して「あのときはこうしたから，この事例もこの対応かな」と考えて正答を選ぶ……そんなやり方で答える人もいるでしょう。しかし，自分の経験や想像のみで正答したとしても，それは単に運がよかっただけであり，日頃の試験対策としてこのようなやり方で事例問題に取り組むのは，あまりよい勉強方法ではありません。

> **★ ワンポイント解説**
> 　事例問題に取り組むときには，まず，この問題のテーマは何か考えることからはじめましょう。

　出題例1の場合，テーマは「大きな事故の直後に行う心理師の対応」です。「警察」というワードに強く引っ張られると，「事故直後の心理的対応」という大きなテーマを見過ごしてしまうこともありますので，**まずは事例問題を俯瞰して捉えるクセを身につけておきましょう。**

　テーマを把握した後には，これに関連する知識は何か考えましょう。出題例1では，災害や大事故などの直後に行う心理的支援のためのマニュアルである「サイコロジカル・ファーストエイド」（以下，PFA）の「見る・聞く・つなぐ」という原則に基づいて，⑤が正答だと判断できます。

　この問題のように，想像力を駆使すれば正答できそうに見える問題も，その多くが法律，ガイドライン，対応マニュアルなどの明確な根拠に基づく判断を要する問題となっています。**対応問題であっても，根拠となる知識をしっかりと身につけておく必要があるといえるでしょう。**

④ 正答を導く３つのステップ

事例問題で正答を導くための思考プロセスを，先ほどの 出題例 1 を例にして整理してみましょう。

★ **ワンポイント解説** ３つのステップ

STEP 1 事例問題の「テーマ」を理解する
出題例 1 「大きな事故の直後に行う心理的支援」がテーマ

STEP 2 テーマに関連する知識（法律・ガイドライン・マニュアル・その他知識）を適用する
出題例 1 PFA の知識が適用できる

STEP 3 その知識に基づいて各選択肢の正誤を判断する
出題例 1 PFA の原則「見る・聞く・つなぐ」の知識から，「つなぐ」の⑤が正しいと判断する

この３ステップで事例問題を解くことで，的確に正答を導きやすくなります。まずは事例問題の全体を眺め，**テーマは何か，関連する知識は何かを考える時間をとりましょう。**

また，対応問題の中には，明確に法律・ガイドライン・マニュアルが背景になく，STEP 2 がないように見える問題もあります。そのような場合も，公認心理師の職責に関する知識が根拠になっているものがほとんどです。

対応問題を解くときには，想像力，思考力ももちろん必要ですが，**根拠となる知識があれば解ける問題がほとんど**，ということを念頭において取り組みましょう。

5 事例問題の深読み禁止！

　事例問題を読むときには，深読みは禁物です。深読みすると，問題文には記述されていない情報を想像で付け加えて，問題のテーマを誤って捉えてしまう危険性が高くなります。そうなれば，きっと誤答を選んでしまうでしょう。

　次の過去問を見てみましょう。

出題例2　30歳の女性Ａ，会社員。ストレスチェックの結果，高ストレス者に該当するかどうかを補定的な面接で決定することになり，公認心理師がＡの面接を行った。Ａのストレスプロフィールは以下のとおりであった。「心理的な仕事の負担」は低い。「技能の活用度」，「仕事の適性度」及び「働きがい」が低い。「職場の対人関係のストレス」が高い。「上司からのサポート」と「同僚からのサポート」が低い。ストレス反応では，活気に乏しく疲労感と抑うつ感が高い。「仕事や生活の満足度」と「家族や友人からのサポート」が低い。

　ストレスプロフィールを踏まえ，面接で把握すべき事項として，最も優先度の低いものを１つ選べ。

①　労働時間を尋ねる。
②　休日の過ごし方を尋ねる。
③　キャリアの問題を抱えていないか尋ねる。
④　上司や同僚との人間関係について尋ねる。
⑤　疲労感と抑うつ感は，いつ頃から自覚し始め，どの程度持続しているのかを尋ねる。

（2019年試験　問148）

正答は①

事例中の「『心理的な仕事の負担』は低い」というエピソードから，就業時間内に処理しきれないなどの仕事の負担は少ないと判断し，①は優先度が低い，と考えれば正答です。

素直に文章を読めば正答できる問題ですが，深読みしてしまうと，「過労死リスクも考慮しないといけないから，本人が仕事の負担は低いと答えていたとしても，労働時間もしっかり聞かないと」「人事部から労働時間の情報は入手できるだろうけれど，人事部の情報が本当に正確とは限らない。本人からも直接聞かないと」などと，**事例では触れていない情報を想像して付け加えてしまうと，誤答しやすくなります**（事例内では，Ａが働き過ぎという情報はありません）。

特に，現場経験が長かったり，事例の領域での経験があると，このような深読みの罠にはまるリスクが高くなります。事例にない情報を付け加えてしまうことがないよう，注意して読み進めるようにしてください。

6　うっかりミスを防ぐ工夫

うっかりミスで失点がないように十分に注意しましょう。特に事例問題では，うっかりミスが多くなりやすいです。

★ **ワンポイント解説** 事例問題でうっかりミスが多くなる理由

事例問題は長文になるので，読み飛ばし，読み間違いをしやすい。

試験の後半で事例問題が連続して出題されるので，疲労や集中力が欠けた状態で解答することになる。

うっかりミスを防ぐためには，次の３つを意識しながら，日頃から訓練しておくことをお勧めします。

❶重要な情報にはアンダーラインなどのマークをつける

　事例問題の設問や選択肢の重要箇所にはアンダーラインを引くなどして，**読み飛ばしや読み間違いを防止しましょう**。

　設問の「**不適切なものを選べ**」や「**2つ選択**」という表現には，必ずマークをつけましょう。試験用紙に元からアンダーラインが引かれていますが，自分でもマークをつけて自覚することが大切です。

　また，要支援者の年齢（適した心理テストを選ぶ問題の場合は特に重要な情報です）など，ポイントになる情報には必ずマークをつけて，取りこぼしがないようにしましょう。

❷過去問で反復練習

　うっかりミスを少なくするための効果的な方法は，**事前に何度も失敗をしておくことです**。本番でのうっかりミスによる失敗は後悔につながりますが，練習での失敗は本番での実践力を強化します。どういうところでうっかりミスをしやすいか，自分の傾向を把握しながら，何度も繰り返し問題を解き，うっかりミスを減らすトレーニングをしてください。

❸まとまった時間で集中して問題を解く

　集中力の強化も，日頃から心がけましょう。そのために実施してほしいのが，**ある程度長めのまとまった時間の中で，多数の問題を解き続けるトレーニングです**。日々の勉強では細切れ時間で勉強せざるを得ない受験生もいると思いますが，試験の1〜2か月前からは，ぜひうまく時間を作って，このような集中力トレーニングも取り入れてください。

　例えば，30問を30分で休憩なしで解き続けるなど，時間を設定して問題を解き続ける練習を重ねることで，「**疲れても問題を解き続ける**」集中力を強化することができます。

対応問題を読み解く６つのテクニック

1 知識＋読解のテクニックが得点につながる

　事例問題は，対応を問うものであっても，関連知識が重要であることをすでに説明しました。そして，知識のインプットと同時に，**事例問題の読み解きのテクニックを磨くことも大切です**。頑張って知識を身につけても，読解のテクニックがないために事例問題で点数を稼げなかったり，取れるはずの問題で失点することがよくあります。

　以下では，対応問題で得点を取るための**６つのテクニック**を紹介します。もちろん，このテクニックだけで正答できるというわけではありませんが，この６つのテクニックを原則として理解することで，事例や選択肢を読むときにどういった表現に着目すべきかが理解できるでしょう。

2 対応問題を読み解く６つのテクニック

🔔 テクニック１

主治医はいるかチェックする

　事例中でクライエントに主治医がいることが示されている場合，最初の対応は「**主治医に相談**」または「**主治医の指示を受ける**」といった選択肢の優先順位が高くなります。

　事例の中で，はっきりと主治医の存在を示す場合もありますし，「**通院中**」「**入院中**」という表現で主治医がいることを暗に示唆している場合もあります。こういった表現はしっかりチェックしておきましょう。

　例として，次のような過去問があります。

50歳の男性Ａ。うつ病の診断で**通院中**である。通院している病院に勤務する公認心理師がＡと面接を行っていたところ，Ａから**自殺を計画していると打ち明けられた**。Ａは「あなたを信頼しているから話しました。他の人には絶対に話さないでください。僕の辛さをあなたに分かってもらえれば十分です」と話した。

　このときの公認心理師の対応として，優先されるものを<u>2つ選べ</u>。

① 自殺を断念するように説得する。

② 自殺予防のための電話相談を勧める。

③ 主治医に面接内容を伝え，相談する。

④ 秘密にするという約束には応じられないことをＡに伝える。

⑤ Ａの妻に「話さないでほしい」と言われていることを含めて自殺の計画について伝える。

（2018年追試 問153／太字と下線は筆者）

　この問題の**正答は③と④**です（④が正答の理由は割愛します。過去問解説などで必ず正答の理由を確認しておいてください）。「うつ病の診断で通院中」という表現から，うつ病の治療に関わる主治医がいると判断し，③を選びます。

　公認心理師法において，クライエントに主治医がいる場合は，主治医に相談をしたり主治医から指示を受けることが，公認心理師の義務として，規定されています。

公認心理師法　第42条第2項
　公認心理師は，その業務を行うに当たって心理に関する支援を要する者に当該支援に係る主治の医師があるときは，その指示を受けなければならない。

事例内で主治医の存在が認められ，選択肢に「主治医に相談」「主治医の指示を受ける」といった内容があれば，ほぼ確実に，それが最優先される対応となるでしょう。

💡 テクニック2
緊急事態かどうか把握する

要支援者が**緊急事態かそうでないか**によって，**最初に行う対応も異なります**。事例文を読むときは，虐待，自殺企図，自傷他害のおそれ，重度のうつ状態といった命に関わる緊急事態かどうかを判断することが大切です。

緊急事態の場合は，**通告**や**通報**など事例に合わせた介入を行うことが適切な対応となります。一方，緊急事態ではない場合は，最初に行う対応として，本人の話を聞くなどの**アセスメント**や**情報収集**が正答になる傾向があります。

緊急の介入が必要かどうかの判断に，**関連知識**が必要な場合もあります。例えば，次の過去問を見てみましょう。

出題例4 50歳の男性A，外回りの医薬品営業職。最近急に同僚が大量退職したことにより，担当する顧客が増え，**前月の時間外労働は100時間を超えた**。深夜早朝の勤務も多く，睡眠不足で**業務にも支障が出始めている**。このまま仕事を続けていく自信が持てず，休日もよく眠れなくなってきた。人事部から配布された疲労蓄積度自己診断チェックリストに回答したところ，**疲労の蓄積が認められる**という判定を受けた。Aは会社の健康管理室を訪れ，公認心理師Bに詳しい事情を話した。

このときのBの対応として，最も優先されるものを1つ選べ。

① HAM-D を実施する。

② 産業医との面接を強く勧める。
③ 継続的にBに相談に来ることを勧める。
④ 仕事を休んでゆっくりするよう助言する。

（2019年試験 問151／太字は筆者）

この問題の正答は②です。「**強く勧める**」という表現は公認心理師の対応として適切ではないようにも思えますが，この事例においては「強く勧める」必要があると判断します。

本事例で注目すべきは，「前月の時間外労働は 100 時間を超えた」と「疲労の蓄積が認められる」という記述です。長時間労働は脳・心臓疾患の発症と関連が強いことから，**労働安全衛生法**では，月 80 時間を超えた時間外労働により疲労の蓄積が認められる者に対して，本人の申し出によって医師による面接指導が**義務づけられています**。

このように，健康障害リスクの高い緊急の状態かどうかの判断に，法令，制度やガイドラインなどの知識が必要になることもあります。また，**法令によって規定がある場合は，それに従った対応が最優先となります**ので，関連法規はしっかり押さえておく必要があります。

🪄 テクニック3
医学的診断はされているかチェックする

事例内のクライエントの主訴に**身体症状**の訴えが含まれている場合は，まず身体的・器質的な病気ではないという**除外診断**がされているかどうかを確認しておきましょう。

例えば，次の過去問が典型的です。

出題例5　32歳の女性A，会社員。Aは2か月前に部署を異動した。1か月ほど前から不安で苛立ち，仕事が手につかないと訴えて社内の健康管理室に来室した。最近疲れやすく体重が減少したという。面接時は落ち着かず手指が細かく震えている。

　健康管理室でAの状態を評価するために，最初に考慮すべきものとして，最も適切なものを1つ選べ。

　① 対人関係
　② 仕事の能率
　③ 不安の対象
　④ 身体疾患の有無
　⑤ 抑うつ気分の有無　　　　　　　　（2018年試験　問142）

　この問題の**正答は④**です。「2か月前に部署を異動した」「不安で苛立ち」「仕事が手につかない」というエピソードから，一見すると異動に伴う心理的ストレスがテーマの問題のように思われますが，読み進めると「最近疲れやすく体重が減少した」「手指が細かく震えている」という身体症状にも触れられています。

　うつ病でも体重減少が見られることがありますので，⑤「抑うつ気分の有無」と誤答にしてしまった受験生もいるかもしれません。しかし，**事例中で除外診断がされていることが明記されてない以上，まずは身体症状が身体疾患によるものかどうか確認する必要があります。**

　身体症状に触れている過去問として，次のようなパターンも把握しておきましょう。

出題例6 40歳の男性Ａ，小学校教師。Ａは「授業がうまくできないし，クラスの生徒たちとコミュニケーションが取れない。保護者からもクレームを受けている。そのため，最近は食欲もなくよく眠れていない。疲れが取れず，やる気が出ない」とスクールカウンセラーに相談した。

スクールカウンセラーの対応として，**まず行うべきもの**を１つ選べ。

① 医療機関への受診を勧める。

② 管理職と相談し，Ａの業務の調整をする。

③ Ａの個人的な問題に対して定期的に面談する。

④ Ａから授業の状況や身体症状について詳しく聴く。

⑤ Ａの代わりに，保護者からのクレームに対応する。

(2018年試験 問69／太字は筆者)

　この問題の正答は④です。この事例でも「食欲がない」「眠れない」「疲れが取れない」という身体症状に触れており，除外診断はされていません。そのため，①「医療機関への受診を勧める」を選びたいところですが，他の選択肢と「まず行うべきもの」という問の表現に注目すると，①が正答ではないことが見えてきます。 🔒 **テクニック2** で説明したように，**緊急事態ではない場合は「話を聞く」「情報収集をする」などの対応が優先されます**。この場合も，自殺企図，過労死リスクが高いなどの緊急事態は明示されていないことから，まずは④のように，Ａの悩み事である授業の状況や身体症状について詳しく聞くことが必要です。

　この事例問題は，「身体症状があるけれど，除外診断はされていない」という視点だけでなく，「まず優先すべき対応は何か」という視点も考慮して正答を選ぶ必要があります。

「安易な励まし」「主訴のはぐらかし」は疑え！

　対応問題の不適切な選択肢でよくあるのが，その場しのぎの励ましや声かけです。**要支援者の状況について詳しく話を聞きもせず，「あなたなら大丈夫」「気にする必要はないですよ」と安易に励ますのは望ましくありません。**他の事例や自分の経験を引き合いに出し，「だからあなたも大丈夫」と励ますのも NG です（PFA〈WHO 版〉にも，「他の被災者から聞いた体験談を話してはなりません」とあります）。

　また，**クライエントの主訴をはぐらかした助言をしている**場合，その助言内容が正しくても，優先される対応としては不適切な場合があるので注意しましょう。

　「安易な励まし」と「主訴のはぐらかし」に共通するのは，要支援者の話やニーズを傾聴せずに対応している，ということです。次の過去問で確認してみましょう。

出題例7　14 歳の女子Ａ，中学２年生。Ａの母親Ｂは，Ａの不登校について相談するために，中学校のスクールカウンセラーを訪ねてきた。Ａは，朝に体調不良を訴えて２週間ほど欠席が続くようになった。Ｂが理由を聞いてもＡは話したがらず，原因について分からない状態が続いていると，Ｂは家庭での様子を説明した。学習の遅れも心配で，Ａに対して登校を強く促す方が良いのか，黙って見守った方が良いのか判断がつかない。「担任教師の心証を悪くしたくないので，まずは担任教師に内緒で家庭訪問をしてＡの気持ちを聴いてほしい」とＢから依頼された。

　このときのスクールカウンセラーの対応として，最も適切なものを１つ選べ。

　　①　Ａが希望すれば家庭訪問をすると説明する。

② 管理職と相談して家庭訪問について検討する。

③ Aの様子を聴き，医療機関で検査や治療を受ける
よう勧める。

④ 「心配しなくて大丈夫です。そのうち解決します
よ」と励まし面談を終了する。

⑤ 理由がはっきりしないのであれば，学校に行くよ
う促した方が良いと助言する。

（2018年追試 問67）

この問題の**正答は②**です。④は「安易な励まし」になり，
不適切な選択肢です。根拠もなく「そのうち解決しますよ」
と励まし，「家庭訪問をしてほしい」という母親Bの意向を
無視して面談を終了するのは，不誠実な対応といえます。

また，「朝に体調不良を訴えて」と身体症状が示唆されて
おり，除外診断もなされていないことから③が正答のように
も思えますが，**母親Bの依頼は「担任教師に内緒で家庭訪問
をしてほしい」というものであることに注目しましょう**。そ
うすると，この訴えを無視して医療機関の診察を勧める対応
は，母親Bのニーズをはぐらかした助言であると考えられま
す。まずは母親Bの依頼内容を受け止めて対応を考える，と
いう②がより適切であると判断しましょう。

🔆 テクニック5
「上から目線」「強制」「強めの表現」は要注意

対応問題については，**選択肢で使われている動詞の表現も
チェックしましょう**。「（相手の非を）**指摘する**」「（要支援者
に）**指示する**」といった上から目線の対応や，「**諭す**」「**説得
する**」のように要支援者にある行動を強制する強めの表現が
使われている場合は，不適切な対応であることが多いです。

例えば，出題例3(P.17) の選択肢①「自殺を断念するように**説得する**」のように，一般的な正論を押し付けて「説得」したりするのは，原則として不適切な対応となります。

しかし，出題例4(P.18-19) のように，「強く勧める」という強めの表現が正解になる場合もあります。要支援者が，自傷他害のおそれがある，虐待を受けている，健康被害が危惧される，といった**緊急事態にある場合，そして法令によって義務づけられている対応が明確な場合は，強めの表現が適切な対応になり得るのです。**選択肢の動詞表現で悩んだときは，設問文を読み直してこれらの点を考えてみましょう。

💡 テクニック6
心理師の職務を超えた対応はしていないか

公認心理師の**職務を超えた対応をしている場合**も，対応としてNGになります。公認心理師は，自らの職責を理解し，職務の範囲外の事柄に対しては，**しかるべき他の専門家につなげる**ことが求められています。そのため，他の専門家の職務を公認心理師が行うことは不適切と考えられます。

連携する可能性のある他の専門職の職務についても，しっかりと把握しておきましょう。

対応の例	実施する専門職
「診断」「薬の処方」	医師
「教員の仕事分担の割り当て変更」「学習の指導計画作成」	校長，教師
「部署の配置転換」「職務の中長期プランの作成」	事業主，管理職，上司など
「ケアプランの作成」	ケアマネージャーなど

また,「**代わりに○○に連絡しておきましょう**」のように,本来は要支援者自身が行うべき行動を公認心理師が肩代わりして行うことも,不適切な選択肢となる傾向があります。公認心理師が他の部署や専門職へ連絡することが,公認心理師として必要な「多職種との連携」なのか,あるいは要支援者自身が行うべき行動を肩代わりする不適切な対応なのか,しっかり見極めることが大切です。

出題例6 をもう一度見てみましょう。

出題例6 (選択肢抜粋)
② 管理職と相談し,Aの業務の調整をする。
➡ ✕業務の調整は管理職の職務であり,公認心理師の業務ではない。
⑤ Aの代わりに,保護者からのクレームに対応する。
➡ ✕公認心理師の業務ではないにもかかわらず,Aの業務の肩代わりをしている。

②と⑤の選択肢が,「心理職の職務を超えた対応」と「業務の肩代わり」という理由で不適切であることが理解できます。

以上で,対応問題を解くための6つのテクニックを紹介しました。この6つのテクニックは,1問につきどれか1つのテクニックで対応できる場合もあれば,**複数のテクニックを組み合わせて正答を導く必要がある場合もあります**。過去問の対応問題に取り組むときは,これらのテクニックのどれが使えるのか,どれを組み合わせるパターンか,あるいは**これらのテクニックの例外状況か**,などを考えながら正答を導くようにしましょう。

中途障害者への対応　対応

問　25歳の男性Ａ，会社員。3か月前にバイク事故により総合病院の救命救急センターに搬入された。意識障害はなく，胸髄損傷による両下肢完全麻痺と診断された。2週間前，主治医からＡに，今後，両下肢完全麻痺の回復は期待できないとの告知がなされた。その後Ａはふさぎこみ，発語が少なくなったため，主治医から院内の公認心理師Ｂに評価及び介入の依頼があった。Ｂが訪室するとＡは表情がさえず，早朝覚醒と意欲低下が認められた。

　このときのＢの対応として，最も優先度が高いものを1つ選べ。

　　①　神経心理学的検査を行う。
　　②　障害受容プロセスを話題にする。
　　③　アサーション・トレーニングを導入する。
　　④　脊髄損傷の当事者の会への参加を勧める。
　　⑤　抑うつ状態が疑われることを主治医に報告する。

（2019年試験　問138）

★ ワンポイント解説

Ａがどのような状態か（器質性か心因性かなど）を見立てた上で，優先度の高い対応は何かを考える。

🔒 キーワード

障害受容プロセス　▶P.28-29
アサーション・トレーニング
▶P.29
当事者会（当事者の会）　▶P.29

解答・解説

答え ⑤

① ✕

・意識障害はなく

・両下肢完全麻痺の回復は期待できないとの告知がなされた。その後Aはふさぎこみ，発語が少なくなった

・意欲低下が認められた

➡ 器質性よりも**心因性**の問題に着目すべきである。（不適切）

⋯⋯⋯⋯⋯⋯⋯⋯⋯⋯⋯⋯⋯⋯⋯⋯⋯⋯⋯⋯⋯⋯⋯⋯⋯⋯

② ✕

➡ Aは，障害が完治しないことを否定しきれない「**混乱期**」と考えられるため，現段階で②のような対応は不適切。（不適切）

⋯⋯⋯⋯⋯⋯⋯⋯⋯⋯⋯⋯⋯⋯⋯⋯⋯⋯⋯⋯⋯⋯⋯⋯⋯⋯

③ ✕

➡ Aの「ふさぎこみ，発語が少なくなった」状態を自己主張の減少と捉えることもできるが，現状で検討すべきは障害完治ができないことから来る**抑うつ状態**である。したがって，アサーション・トレーニングは本質的な対応ではない。（不適切）

⋯⋯⋯⋯⋯⋯⋯⋯⋯⋯⋯⋯⋯⋯⋯⋯⋯⋯⋯⋯⋯⋯⋯⋯⋯⋯

④ ✕

➡ 障害受容が困難な状態であるAに対して，当事者会への参加を勧めることは時期尚早と考えられる。（不適切）

⋯⋯⋯⋯⋯⋯⋯⋯⋯⋯⋯⋯⋯⋯⋯⋯⋯⋯⋯⋯⋯⋯⋯⋯⋯⋯

⑤ 〇

➡ 公認心理師法第42条第2項の観点からも，Aの様子についてまずは**主治医**に報告し，今後のAへの関わり方を医療チーム全体で検討していくことが求められる。（適切）

【障害受容の理論】

1 価値転換理論

肢体障害者に対する面接調査に基づいて，B. A. Wright（ライト）が提唱した理論。B. A. Wright によれば，障害受容とは，障害は不便で制約的なものでありながらも，自分自身の**全体的な価値**を低下させるものではないと認識することである。

障害受容においては，以下の4つの価値転換が求められる。

①価値範囲の拡大	障害によって失った価値以外にも，自分には多くの価値があると認識すること。
②障害の与える影響の抑制	障害はできることに制約をもたらし，自身の価値を低めることがあるかもしれないが，それは一部の領域に限られており，能力全体に悪影響を及ぼしたり，自身の全体的な価値を低めるものではないと認識すること。
③身体の外見を従属的なものにすること	身体の障害により外見の変化が生じるが，外見よりも，内面的な価値が重要であると認識すること。
④比較価値から資産価値への転換	自分の価値を，他者との比較や社会一般の価値観によって決めるのではなく，自分自身の価値を重視すること。

2 障害受容プロセス

上田敏は，それまでの主な障害受容プロセスを比較検討し，次の5段階にまとめた。この各段階は進んだり戻ったりしながら，受容期へと近づいていく。

①ショック期	病気や障害の発症直後の段階で，集中的な医療とケアを受けている時の心理的状態。身体的苦痛の反面，心理的には平穏で，今自分に起きていることをしっかりと認識できない段階。
②否認期	身体的状態が安定して，病気や障害が簡単には治らないことが徐々に自覚されてくる段階。この時期には，心理防衛反応として「病気や障害の否認」が生じる。
③混乱期	現実を認識し，病気や障害が完治しないことを否定しきれず混乱した状態に陥る段階。
④解決への努力期	前向きな努力が主となるが，問題は解決しないことに気づく段階。
⑤受容期	ありのままの自分を受け入れ，新たな人生の価値を見出していく段階。社会に復帰し，新しい役割や仕事を得て，生活に生きがいを感じるようになる。

【参考】

アサーション・トレーニング　その場に適した表現を行うための自己主張訓練。

当事者会　同様の病気や障害を抱える当事者・家族たちが自発的に集まり，話し合うことで，病気や障害を理解して支え合うための会。

自殺のリスク評価 対応

問 22歳の男性A，大学4年生。Aは12月頃，就職活動も卒業研究もうまくいっていないという主訴で学生相談室に来室した。面接では，気分が沈んでいる様子で，ポツリポツリと言葉を絞り出すような話し方であった。「就職活動がうまくいかず，この時期になっても1つも内定が取れていない。卒業研究も手につかず，もうどうしようもない」と思い詰めた表情で語っていた。指導教員からも，日々の様子からとても心配しているという連絡があった。

Aの自殺のリスクを評価する際に優先的に行うこととして，<u>不適切なもの</u>を1つ選べ。

① 絶望感や喪失感などがあるかどうかを確認する。

② 就職活動の方向性が適切であったかどうかを確認する。

③ 現在と過去の自殺の念慮や企図があるかどうかを確認する。

④ 抑うつ状態や睡眠の様子など，精神的・身体的な状況を確認する。

⑤ 就職活動や卒業研究の現状を，家族や友人，指導教員に相談できているかどうかを確認する。

(2020年試験 問71)

★ ワンポイント解説

自殺リスクの評価では，自殺の危険因子・防御因子を見極めることが重要である。

🔒 キーワード

自殺 ▶P.32

自殺予防 ▶P.33

危険因子・防御因子 ▶P.33

解答・解説

答え ②

① ✕

①絶望感や喪失感

➡ 🔒 **危険因子**の一つである**自殺につながりやすい心理状**態に当たるため，確認が必要。また，絶望感や喪失感などの抑うつ状態は**うつ病**の症状にも含まれる。（適切）

② ○

➡ 自殺リスクの評価では，**緊急性・危険性**を見極めることが求められる。②は，Ａの就職活動に関する悩みへの対応には必要であるが，自殺リスクの評価として優先的に行うこととはいえない。（不適切）

③ ✕

③現在と過去の自殺の念慮や企図

➡ **危険因子**であり，自殺の**切迫度**を表すとされているため，注意しておかなければならない。（適切）

④ ✕

➡ 自殺関連行動との関連が深い**精神疾患**の一つとして，うつ病がある。うつ病には**精神症状**と**身体症状**があり，両方の症状を確認して自殺リスクを評価する。（適切）

⑤ ✕

⑤家族や友人，指導教員に相談できているか

➡ ソーシャルサポートは自殺の 🔒 **防御因子**になるとされており，支援環境の存在を確認することは重要である。（適切）

【自殺】

自殺とは，手段・方法に関係なく，**死亡者自身の故意的な行為**に基づく死亡を指す。

❶ 自殺関連行動

自殺に関わる用語は多岐にわたるが，総称して**自殺関連行動**と呼ばれる。主な自殺関連行動は以下のとおりである。

自殺企図	①**自殺未遂** 結果的に死に至らなかったものの，自殺を意図して，または致死的な行為と分かった上で，有害な行為を行うこと。 ②**自殺既遂** 結果的に死に至った状態。
自傷行為	自殺企図はないが，自分を傷つけてしまう行為。
希死念慮	生きていることを否定的に考え，自分自身の死を強くイメージしたり，死を願望したりすること。自殺したいと考えることは**自殺念慮**と呼ぶ。

❷ 自殺の現状

厚生労働省「令和2年版自殺対策白書」によれば，2019年の日本国内の自殺者数は約2万人で，10年連続で**減少**した。前年に比べ，**20代以上の自殺者数は減少したが，10代の自殺者数は増加**した。また，2015年時点で，日本の自殺死亡率（18.5%）は先進国7か国の中で**最も高い**。

❸ 自殺対策基本法

2000年以降の自殺者数増加を受け，**自殺対策基本法**が2006年に制定，2016年には改正された。自殺対策は「**生きることの包括的な支援**」であるとして，関連団体が連携しな

がら社会全体で総合的な支援を実施することを定めている。

【 自殺予防：自殺のリスク評価と対応 】

　自殺を予防するためには，自殺リスクがある人に対して，自殺につながりやすい**危険因子**を減らし，自殺を防ぐ**防御因子**を強化することが重要だとされている。厚生労働省が示す主な危険因子と防御因子は，以下のとおりである。

危険因子	・過去の自殺企図，自傷歴 ・喪失体験　　・苦痛な体験 ・職業問題，経済問題，生活問題 ・精神疾患，身体疾患の罹患とそれらに対する悩み ・ソーシャルサポートの欠如 ・自殺企図手段への容易なアクセス ・自殺につながりやすい心理状態（自殺念慮，絶望感，衝動性，孤立感，悲嘆，諦め，不信感など） ・望ましくない対処行動（飲酒，薬物の乱用など） ・危険行動　　・その他（自殺の家族歴など）
防御因子	・心身の健康　　・安定した社会生活 ・支援の存在　　・利用可能な社会制度 ・医療や福祉などのサービス　　・適切な対処行動 ・周囲の理解　　・支援者の存在 ・その他（本人や家族が頼りにしているもの，本人の支えになるようなものがあるなど）

　自殺の危険性がある人に関わる場合には**自殺のリスク評価**（危険因子・防御因子の確認）を含めたアセスメントをし，必要に応じて**医療機関**や**地域のケア**等と連携しながら支援する。特に**精神疾患**は，自殺者の約9割が罹患しているといわれており，最も重要な危険因子として注意を払う必要がある。

リファー

問 42歳の女性A。Aは，公認心理師Bが在籍する民間のカウンセリングオフィスに相談に来た。初回の面接時，Aは終始表情に乏しく，気力が感じられない様子であった。Aは「友人関係で悩んでいるので話を聞いてほしい」と話し出し，「自分は地球外生命体によって行動を操られている。そのことを友人に話しても信じてもらえず，それが原因でいつもケンカになる。どうすれば友人は自分のことを信じてくれるようになるだろうか」と言った。Bは，Aの様子や発言内容から，統合失調症の可能性を考えている。また，Aは精神科を受診したことはこれまでに一度もないとのことであった。

BがとるべきAへの対応として，最も適切なものを1つ選べ。

① A本人には内緒で，Aの家族に連絡し，Aを医療機関に受診させるよう勧める。

② Aにとって最適と思われる医療機関を紹介し，必ず行くように強制する。

③ できるだけ早めに医療機関へリファーできるよう，的確な心理アセスメントを心がける。

④ Aの「話を聞いてほしい」という意向を尊重し，医療機関を紹介せず，Aのカウンセリングを引き受けることにする。

(オリジナル問題)

★ ワンポイント解説

リファーをどのような場合に行うのか，また，リファーをする際の留意点をしっかり把握しておきたい。

🔒 キーワード

リファー ▶P.36
インフォームド・コンセント ▶P.37
見捨てられ不安 ▶P.37

解答・解説

答え ③

① ✕

➡ 🔒 リファーを行う際には，原則として，クライエントにその必要性などを十分に説明し同意を得る 🔒 インフォームド・コンセントが必要である。本事例において，Aの状態に自傷他害などの緊急性は認められないので，まずは本人にインフォームド・コンセントを行うのが望ましい。（不適切）

··

② ✕

➡ 他機関を紹介する際は，クライエントに複数のリファー先の情報を提供し，クライエント自身がリファー先を選択できるよう支援する。（不適切）

··

③ ○

➡ クライエントの状態から，公認心理師で対応できるケースなのか，あるいは他機関・他職種にリファーすべきケースなのかを判断し，リファーが必要な場合はできるだけ早めに行う必要がある。そのためにも，インテーク面接の段階で的確な心理アセスメントが行えるように常に研鑽する必要がある。（適切）

··

④ ✕

・Aは終始表情に乏しく，気力が感じられない様子であった
・「自分は地球外生命体によって行動を操られている」

➡ Aには感情の平板化や妄想の症状がみられるため，統合失調症の可能性がある。統合失調症では薬物療法などの治療が必要な場合があるため，医療機関への紹介が優先すべき対応であると考えられる。（不適切）

【リファー：refer】

リファーとは，専門機関がクライエントに応じて，**より適切な別の専門機関に紹介する**ことである。リファーは**インテーク面接**でのアセスメントを踏まえて行うことが一般的である。**インテーク面接**には，相談機関がクライエントの状態やニーズと合致するか（受理可能か）について判断するという役割がある。クライエントの状態やニーズを踏まえて，対応が難しいと判断される場合は，クライエントに**インフォームド・コンセント**を行い，適切な機関を紹介する。

❶ リファーを行う必要性

公認心理師は，自身の知識や技量を十分に理解し，自らの専門的能力の範囲内で援助を行うことが求められる。自身の能力の範囲を超えて対応した場合，クライエントの状態を悪化させたり，クライエントを不必要に傷つけたりして，最終的にクライエントの不利益につながる可能性がある。適切なリファーを実施するためには，自己研鑽を積み，**アセスメント力**を向上させることが重要である。

リファーが必要なケースとして，以下の場合が考えられる。

> ❶医学的・身体的ケアを優先した方がよいと考えられる場合
> ❷相談内容が相談機関で対応できる範囲を超える場合（自身の専門的能力の範囲以上の対応が求められる場合）

❷ リファーを行う際の留意点

①リファーはできるだけ**早い時期**に実施する

リファーは，インテーク面接時など可能な限り迅速に行う

ことが望ましい。クライエントが，早く適切な環境で支援を
受けられるようにリファーすることが支援の一環となる。

②インフォームド・コンセントを得る

　公認心理師はクライエントに対して，リファーの理由を丁
寧に説明し，クライエントが自由意思に基づいて同意（もし
くは拒否）する権利を保障しなければならない。強制的にリ
ファーを行った場合，クライエントを傷つける可能性があり，
支援や治療に悪影響を及ぼしかねない。

③クライエントに見捨てられ不安を抱かせない

　リファーの実施や必要性を伝える際，クライエントに見捨
てられ不安を抱かせないように配慮することが重要である。
当該相談機関で対応できないと判断した場合には，クライエ
ントが納得できるように十分に説明をし，インフォームド・
コンセントを得ることが求められる。

④複数のリファー先を紹介・提示する

　複数のリファー先を紹介し，クライエントが自己決定でき
るように援助する必要がある。そのためにも，日頃から他職
種や他機関の情報を収集し，それらとの関係を構築して，信
頼できるリファー先を用意しておくことが重要である。

⑤リファー後も治療関係が継続する可能性を考慮する

　リファーを行った後でも，リファー先と当該相談機関の判
断により，公認心理師とクライエントとの治療関係が継続す
る場合がある。例えば，クライエントを精神科にリファーし
た後，必要であればリファー先の医師などと連携をとりなが
ら，薬物治療と並行して心理療法を行うことがある。

研究倫理

問 潜在的不安が実際の行動を予測するか否かを検討する目的で，心理学の講義を受講する大学生を対象に実験を行った。まず，講義中に実験について簡潔に説明し，「参加に同意する場合は講義終了後に教室で待機してほしい」と伝えた。講義終了後，教室に待機していた学生を調査協力者とし，実験内容の説明および同意の取得を行った。その際，調査協力者には「本実験の目的は読解力の測定である」と伝えた。その後，調査協力者に「提示する文章を5分以内に読み，内容を要約して1分間スピーチする」ことを教示するとともに，課題へのコミットメントを高める目的で「一般的な大学生であれば容易に遂行できる課題である」ことを教示した。実験前後に，調査協力者に状態不安尺度を実施し，その得点の平均値を比較した。本実験に要した時間は全体で20分程度であった。

この実験における問題点として，最も適切なものを1つ選べ。

① デブリーフィングが行われていない。

② 実験終了後，直ちにフィードバックを実施していない。

③ 実験の目的について，調査協力者に明言している。

④ 実験への参加を強制している。

⑤ 実験に要した時間が長く，調査協力者の負担が大きい。

(オリジナル問題)

★ ワンポイント解説

ディセプションを行った場合は，実験終了後にデブリーフィングを実施する必要がある。

🔒 キーワード

インフォームド・コンセント ▶P.40

観察反応 ▶P.41

ディセプション ▶P.41

デブリーフィング ▶P.41

解答・解説

答え ①

① ○

➡ 最初に真の実験目的を説明しない場合には，実験が終了した時点で真の目的を参加者に説明する必要があり，この手続きを デブリーフィングという。（適切）

. . . .

② ×

➡ 実験への参加同意を求める際に，成果の公表方法や予定について明示しておくことが望ましいが，必ずしも実験直後に成果公表などのフィードバックを実施しなければならないわけではない。（不適切）

. . . .

③ ×

➡ 実験に先立って，実験者は調査協力者から 🔒 インフォームド・コンセントを得る必要があり，その際に実験の意義や目的について十分説明する必要がある。（不適切）

. . . .

④ ×

➡ 設問文において，調査協力者へ実験への参加を強制していると断言できる根拠が見受けられない。（不適切）

. . . .

⑤ ×

➡ 本実験の全体に要した時間は「20分程度」であり，必ずしも実験時間が長いとはいい切れない。（不適切）

> 事前にすべての情報を公開することでバイアスが生じ得る場合には，ディセプションを行うことがあります。

【 心理学における研究倫理 】

心理学における研究は，1964年に世界医師会総会で採択された「**ヘルシンキ宣言**」（ヒトを対象とする医学研究の倫理的原則）を基盤とし，これに則って実施される。**ヘルシンキ宣言**の中の特に重要な基本原則として，①**被験者個人の福利を科学や社会の利益よりも優先**すること，②被験者の**自発的・自由意志**による研究参加であること，③**インフォームド・コンセント**を取得する必要があること，④**研究倫理委員会**が存在し，適切に運営されていること，が挙げられる。

【 インフォームド・コンセント：informed consent 】

インフォームド・コンセントは，医学研究においてのみならず，**心理学研究**ならびに**心理臨床**の場においても行われるものとなっている。例えば，実験や調査で個人の情報やデータを収集する際には，研究の**目的・意義**，実験参加によって生じ得る**不利益**などについて被験者・対象者に事前に説明し，同意を得る必要がある。

> **【参考】**
> 公認心理師などの支援者が行うインフォームド・コンセントの内容は，
> ❶援助の根拠や支援方法，予想される結果，守秘義務などに関する説明
> ❷時間・場所・費用など実施機関やシステムに関する説明
> ❸心理学的援助の実施者である心理臨床家自身に関する説明
> に大別される。また，インフォームド・コンセントを取得

する際には，支援者はクライエントに**適切**に説明を行う義務（**還元義務**）がある。すなわち，クライエントが理解できるよう，個々に応じて言葉遣いなどを工夫しながら，説明を行う必要がある。その際，クライエントに重度の知的障害があるなどの理由によって，クライエント自身で選択を行うこと（**自己決定権の行使**）が困難な場合には，家族や親族などの**代理人**による選択の代行（**代行権の行使**）がなされることもある。

【 観察反応とその問題への対処法 】

　心理学における研究，特に心理学実験における特有の問題として，**観察反応**（反応性）が挙げられる。これは，実験・調査参加者が自身の行動や心理状態を観察あるいは研究されていると自覚し，日常生活の中で示す反応とは異なる反応を示すことを指す。観察反応には**要求特性**や**実験者効果**などがあり，生態学的妥当性を兼ね備えながら，実験の非日常性などへの問題に十分配慮しながら実験を行う必要がある。

要求特性	社会的に，あるいは実験者にとって望ましい"姿"を目指し，被験者が振る舞うこと。
実験者効果	実験者が意図せず対象者の行動に影響を及ぼすこと。 （例）ピグマリオン効果，ホーソン効果

　このような影響を最小限にするために，あえて調査参加者に虚偽の目的を伝えることを**ディセプション**（deception）という。**ディセプション**を行った場合は，実験・調査終了後に本来の目的を改めて伝え，得られたデータの使用に際して同意を得なければならない。これを**デブリーフィング**（debriefing）という。

実験法

問 ある高校の2年生を対象に，異なる3つの教授法による英語の授業内容の理解度を比較することとなった。1組では教授法A，2組では教授法B，3組では教授法Cを用いて授業を実施した。なお，A・B・Cすべての教授法に熟練した教諭が，1・2・3組すべてにおいて授業を1時間行った。授業終了後には，授業内容の理解度を測るテストを全クラスで実施した。各クラスの成績（点数）の平均値を比較したところ，2組の成績が最も優れていたことから，調査者は「英語の授業内容の理解度を最も高める教授法はBである」と結論づけた。

　上記の実験法は問題点を含んでいる。その改善方法として適切なものを2つ選べ。

① 各クラスの担任が，各教授法を習熟した上で，それぞれのクラスで授業を実施する。

② すべてのクラスの生徒に対して，個々にいずれかの教授法を無作為に割り当てる。

③ 1人の生徒に対しすべての教授法を実施した上で，テストを実施する。

④ 英語の能力が等しいとみなせる3人の生徒の組を作り，各組の生徒に対して，各教授法を無作為に割り当てる。

⑤ 各クラスに異なる教授法にて授業を実施する前に，数学のテストを実施する。　　　（オリジナル問題）

★ ワンポイント解説

従属変数に影響を与える要因を特定するためには，本調査のどの問題点を統制する必要があるのかを考える。

🔒 キーワード

実験法　▶P.44
独立変数　▶P.44
従属変数　▶P.44
剰余変数　▶P.44-45

答え ②, ④

① ×

①各クラスの担任が……それぞれのクラスで授業を実施する

➡ 授業実施者の違いが 🔒 剰余変数となり, テスト成績の差異が教授法の違いによるのか, 授業実施者の違いによるのかが判別できない状態（交絡）が生じる。（不適切）

② ○

②すべてのクラスの生徒に……教授法を無作為に割り当てる

➡ 無作為化による剰余変数の統制が行われており, ランダムに各水準へ配分することにより, 剰余変数の影響を均一化することを目指している。（適切）

③ ×

③1人の生徒に対しすべての教授法を実施した上で, テストを実施

➡ 教授法の実施順序や疲労等が 🔒 従属変数に影響を与えることが考えられ, それら剰余変数が 🔒 独立変数と交絡しないように統制を行う必要がある。（不適切）

④ ○

④英語の能力が等しいとみなせる3人の生徒の組を作り

➡ ブロック化（自由に設定できない因子について均質な群に分ける操作）による剰余変数の統制が行われており, 水準間でテスト成績に差が生じたとしても, それが英語の能力の影響によるものではないといえる。（適切）

⑤ ×

⑤授業を実施する前に, 数学のテストを実施する

➡ この方法では, 各クラスにおける介入前の英語の能力による剰余変数を解消することはできない。（不適切）

【実験法】

　実験法とは，検討対象に対して何らかの操作を加えた上でデータを収集し，その操作によるデータへの影響を明らかにする手法である。実験者の操作が原因となって生じた結果を得ることができるため，因果関係を特定できる特徴がある。

【独立変数・従属変数・剰余変数】

　実験法に関わる変数は，独立変数・従属変数・剰余変数の3つである。独立変数は，実験者が操作する変数で，原因に該当する変数といえる。従属変数は，実験者が測定する変数で，独立変数を操作した結果が表れる変数といえる。

　実験法の目的は，独立変数と従属変数の因果関係を特定することにある。独立変数以外で従属変数に影響する（と推定される）変数を剰余変数といい，実験法では，実験者が剰余変数を可能な限り統制することが重要となる。

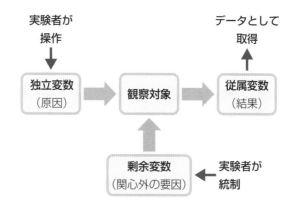

【剰余変数の統制】

剰余変数を統制する方法は，直接的統制・個体差の統制・個体内変動の統制の3種類に大別することができる。

■ 直接的統制

剰余変数を直接統制する方法である。

除去	剰余変数（の影響）を直接取り除く。 （例）防音室を用いて，雑音を抑制する。
恒常化	剰余変数の変化を一定にする。 （例）室温や湿度を一定にする。

② 個体差の統制

被験者内 計画	すべての被験者がすべての実験条件を体験する。 →練習効果や順序効果が生じるおそれがある。
被験者間 計画	各実験条件に対して，それぞれ異なる被験者が割り当てられる。 **【各条件に被験者を配分する方法】** ①**組織的配分** 測定値が同じ被験者の組を作り，その組内で各被験者に各条件を配分する。 ②**無作為配分** 各条件に被験者をランダムに配分する。

③ 個体内変動の統制

被験者内計画で実験を行う際に用いられる。

カウンター バランス	被験者によって独立変数の提示順序等を変える。 （例）被験者の半分は条件A→Bの順序で実験を実施し，残りはB→Aの順序で実験を行う。
無作為化 （ランダマ イズ）	独立変数の提示順序等をランダムに割り当てる。 （例）記憶課題において，刺激の提示順序をランダムに並び替える。

二重盲検法 知識

問 幼児を対象とした怒りのコントロール法として，新しい方法Xと従来の方法Yの効果を，置換ブロック法による無作為化比較試験によって検証することとなった。(1) ブロックサイズを6とし，84名の実験参加者を乱数によってA群：新しい方法X，B群：従来の方法Yの2群に割り付ける。(2) 各群にそれぞれXとYを実施する。(3) 遊び場面で怒りについての観察によるアセスメントを行う。

この計画において注意すべきことについて，正しいものを1つ選べ。

① (2)と(3)は同一人物が行う。
② (1)の結果を(3)の実施者に伝えない。
③ ブロックサイズを4とし，実験参加者を90名にする。
④ 割り付けでA群が5回続いた場合，乱数による割り付け結果にかかわらずB群にする。

(2018年追試 問148)

★ ワンポイント解説

無作為割り付けなど，無作為化比較試験に関する知識があれば，正答を選べる。

🔒 キーワード

二重盲検法 ▶P.48
無作為化比較試験 ▶P.48
置換ブロック法 ▶P.49

一見難しそうですが，研究法の基礎知識で正答できます。

解答・解説

答え ②

【置換ブロック法による割り付けの例】

ブロック1（6人）	ブロック2（6人）	…	ブロック14（6人）
実験参加者 1番目 → A群 2番目 → B群 3番目 → A群 4番目 → B群 5番目 → B群 6番目 → A群 A群3人，B群3人	実験参加者 7番目 → A群 8番目 → A群 9番目 → A群 10番目 → B群 11番目 → B群 12番目 → B群 A群3人，B群3人	…	※ブロックサイズ6（＝6人）なので，実験参加者が84人の場合，6×14＝84人で，14ブロックで全員を割り当てることができる。

① ✕
➡ 怒りについてのアセスメントを行う者に，実験参加者がA・B群のどちらに割り振られているかという情報を与えることになるため，アセスメントを行う者の期待や思い込みによって評定が歪むおそれがある。（不適切）

② ◯
➡ アセスメントの歪みが生じることを防ぎ，より客観性の高いデータを集めることができる。（適切）

③ ✕
➡ ブロックサイズ6，実験参加者84名の場合，14ブロックで割り付けることが可能。一方，ブロックサイズ4，実験参加者90名とすると22ブロック（88名）でき，2名の余りが生じる。（不適切）

④ ✕
➡ A・B群への割り付けは無作為に行う必要がある。（不適切）

【 二重盲検法（ダブルブラインドテスト：DBT）】

実施している介入技法（心理療法，投薬等）の特性を実験者からも実験参加者からも不明にして行う方法。プラセボ効果や観察者効果等を防ぐという観点から，一般的な科学的方法としても重要であり，この二重盲検法を含む無作為化比較試験は客観的評価を調査するためによく用いられる。

プラセボ効果	薬理学的作用が期待できないと推測される偽薬が投与された場合に，何らかの臨床的効果が得られること。
観察者効果	観察者が結果として期待する事実にのみ注目し，それ以外の事柄を見過ごす傾向のこと。

【 無作為化比較試験 】

研究対象者を介入群・統制群の2つのグループに無作為に分け（無作為割り付け），介入群には研究対象となる心理療法等を行い，統制群には従来から行われている手法等，介入群とは異なる治療を行うという研究手法。事前に設計した研究計画に沿って一定期間後にアウトカム（結果）の評価を行い，介入技法の効果を検証する。

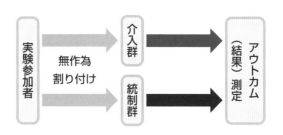

【 置換ブロック法 】

実験参加者の無作為割り付けの手法の一つに，介入群・統制群を同じ確率で割り付ける「**単純法**」がある。ただし，単純法によって割り付けを行った場合，介入群・統制群の間で実験参加者の人数が異なる可能性がある。

こうした問題点に対する対処法として，**置換ブロック法**がある。置換ブロック法では，**ブロック単位**で介入群・統制群への割り付け数（割合）が同じになるように割り振りを行う。例えば，実験参加者 84 人，ブロックサイズ 4 の場合，以下の 6 パターンの中から選択して 21 ブロック作成し，A 群・B 群への割り付けを行う。

1ブロック…A群	1ブロック…A群	1ブロック…B群
2ブロック…A群	2ブロック…B群	2ブロック…A群
3ブロック…B群	3ブロック…A群	3ブロック…A群
4ブロック…B群	4ブロック…B群	4ブロック…B群
1ブロック…A群	1ブロック…B群	1ブロック…B群
2ブロック…B群	2ブロック…B群	2ブロック…A群
3ブロック…B群	3ブロック…A群	3ブロック…B群
4ブロック…A群	4ブロック…A群	4ブロック…A群

上記のパターンをランダムに並べた上で，実験参加者を各群に割り当てていく（ブロックに入れていく）ことで，群間の人数差を等しくすることが可能となる。

置換ブロック法の問題点として，ブロックサイズが研究関係者に知られると，ブロック内の終盤の実験参加者が介入群・統制群のどちらに割り振られているかが明らかになってしまうリスクがある。こうした問題を防ぐために，ブロックサイズを一定の範囲内で変動させることが一般的である。

問 色名ストループ課題を用いて，色の違いによって反応時間と干渉効果にどのような影響が生じるのかを検討する目的で実験を行った。赤色で表示された色単語の文字を読み上げる条件，青色で表示された色単語の文字を読み上げる条件の他，統制条件として黒色で表示された色単語の文字を読み上げる条件を設定した。単語の読み上げに支障のない日本語能力を有する各実験参加者に対し，各々の色に対する好ましさの評価を統制し，条件の実施順序をランダムにした上で，すべての実験刺激を順に呈示した。その際，実験者は反応に要した時間をストップウォッチで測定し，記録した。

　この実験データから各条件の反応時間の平均に差があるかを検討するための統計的方法として，最も適切なものを1つ選べ。

　　①　対応のない2標本の平均の差の検定

　　②　対応のある1要因分散分析

　　③　対応のある3要因分散分析

　　④　対応のない1要因分散分析

　　⑤　対応のない2要因分散分析　　　　（オリジナル問題）

★ ワンポイント解説

実験計画における「要因」「水準」「対応のある（ない）」といった各用語を理解していることが大切である。

🔒 キーワード

実験計画法　▶P.52

要因・水準　▶P.52

被験者内計画　▶P.52-53

被験者間計画　▶P.52-53

> 実験状況より，適切な統計手法を選択する問題です。

 解答・解説

答え ②

① ✕

①対応のない2標本の平均の差の検定

➡ この実験は，全実験参加者が各水準を実施していること から，🔒 **被験者内計画**と呼ばれる実験計画となる。よっ て，各実験条件を通じて得られるデータは，いずれも同 一の対象から抽出されたものであり「**対応のある**データ」 といえるため，①は誤り。（不適切）

----

② ○

②対応のある1要因分散分析

➡ この実験は，「色」という1つの**要因**に対して「赤」「青」「黒」 の3つの**水準**を有している，1要因3水準の被験者内計画 である。

水準は3つ（赤・青・黒）

要因は
1つ

反応時間

また，この実験のように，平均値の差の検定において独立 変数が**質的変数**，従属変数が**量的変数**の場合，一般的に **分散分析**を採用することとなる。 以上を踏まえると，この実験では「対応のある1要因分散 分析」を用いることが適切である。（適切）

----

③・④・⑤ ✕

➡ ①・②の解説を参照。（不適切）

実験計画

【 実験計画法 】

　R. A. Fisher（フィッシャー）の3原則に基づいて実験を行った上でデータを収集し，そのデータを解析することを総称して実験計画法と呼ぶ。

　R. A. Fisher の3原則は，以下のとおりである。

反復（測定）	繰り返し実験すること。
局所管理	実験状況をいくつかのグループに分け，そのグループ内での処理を無作為な順序で実施すること。
無作為化	ランダムにデータを抽出すること。

　実験計画法の代表的な手法として，一元配置法（1つの要因を分析する手法），二元配置法（2つ以上の要因を分析する手法），多重比較法などがある。

【 要因・水準 】

　心理学実験では，独立変数を要因または因子（factor）と呼び，要因の個々の値を水準（level）と呼ぶ。すなわち，要因は複数の水準の集合ということができる。例えば，「性別」を要因とすると，水準は「男性」「女性」の2つとなる。なお，要因数は1以上であるのに対し，水準数は必ず2以上となる。

【 被験者内計画と被験者間計画 】

　心理学実験では，個体差は強い影響力を持つ剰余変数である。これを統制する方法として，被験者内計画と被験者間計画がある（P.45 参照）。

1 被験者内計画

　被験者内計画は，要因内の各水準に**同一被験者**を割り当てる実験計画である。この場合，同じ被験者についてのデータを比較することとなり，このようなデータを「**対応のあるデータ**」という。

　例えば，10人の学生を対象に勉強会を実施し，その前後でテストの平均値を比較する場合，テストの平均値は「対応のあるデータ」といえる。被験者内計画によって得られるデータは，必ず「対応のあるデータ」となる。

2 被験者間計画

　被験者間計画は，要因内の各水準に**異なる被験者**を割り当てる実験計画である。すなわち，各実験条件に応じて，それぞれ別の被験者が割り振られることとなる。

　例えば，ある小学6年生のクラスを2グループに分け，一方のグループは市販の漢字ドリル，もう一方のグループは新たに開発した漢字ドリルに取り組み，その後実施する学力テストの平均値を比較する場合が挙げられる。この場合，異なる被験者についてのデータを比較することとなり，このようなデータを「**対応のないデータ**」という。

※ただし，ブロック化（P.43参照）という統制方法をとった場合，得られるデータは「対応のあるデータ」となることがある。

【参考】ストループ効果（Stroop, 1935）

　異なる色で表示された色名の単語において，色の名称を読み上げる課題（ストループ課題）を実施する際に，色と単語の対応が一致している場合よりも，反応時間が遅延する現象。

学習性無力感

問 23歳の男性A，大学4年生。Aが学生相談室に来室した。昨年度末で卒業の予定であったが，必修科目の単位が取得できず留年した。その必修科目については1年次から何度も履修を繰り返し，単位取得に向けて最大限の努力を続けてきたが，結果は全て不合格であった。今年度からは，留年した学生のための特別な学習指導を新たに受けられるようになった。それにもかかわらず，努力をしても無駄だと感じて意欲を喪失し，欠席が続いている。

　現在のAについての説明として，最も適切なものを1つ選べ。

① 自尊感情が過度に低い。

② テスト不安が過度に高い。

③ 学習性無力感に陥っている。

④ ソーシャルスキルが不十分である。

（2019年試験 問75）

★ ワンポイント解説

Aの状態に関する設問文の内容を丁寧に押さえる。また，学習性無力感の過程を把握する。

🔒 キーワード

学習性無力感 ▶P.56
随伴性認知 ▶P.56
非随伴性認知 ▶P.56

設問に記述がない点を想定して答えると誤答しやすいので，記述内容を忠実に読み解きましょう。

① ✕
➡ **自尊感情**とは,「自分が好き」「自分には価値がある」と
いった, 自己を肯定的に捉えたものである。設問中にA
が自分自身の評価について言及している記述はないた
め, 誤り。また, 選択肢の「過度に」といった過剰表現
は設問中に判断できる表現があるか確認する必要があ
る。(不適切)

② ✕
➡ 設問中に, Aがテストを受ける時の様子についての記述
はないため誤り。①同様, 選択肢の過剰表現にも注意す
る。(不適切)

③ ◯

その必修科目については1年次から何度も履修を繰り返し, 単
位取得に向けて最大限の努力を続けてきたが, 結果は全て不合
格であった

➡ この経験から,「努力をしても無駄だと感じて意欲を喪
失」という, **無気力状態**に陥ったことがわかる。(適切)

④ ✕
➡ **ソーシャルスキル**とは, 対人関係を円滑に運ぶために役
立つスキルのことである。設問中にAの対人関係に関す
る記述は見られないことから誤り。(不適切)

【学習性無力感：learned helplessness 】

　学習性無力感は M. E. Seligman（セリグマン）が提唱した概念で，努力をしても結果に結びつかず，「どうせやっても無駄だ」と認知することにより，意欲を喪失して無気力になる状態のことである。

1　随伴性認知

　「ある行動をとることによって特定の結果が生じる」という認知を随伴性認知と呼び，これに対して，「自分の行動とは無関係に結果が生じる」という認知を非随伴性認知と呼ぶ。学習性無力感は，対象者の行動と結果が結びつかないという非随伴性認知が働いている。

　例えば，勉強が苦手な子どもが，たくさん勉強したにもかかわらず，いつもテストでは悪い点数しか取ることができないという場合，自分が勉強した結果が希望したものにならないという非随伴性を学習している状態である。その経験の積み重ねが，勉強への意欲を失い無気力になるという学習性無力感につながる。

2　学習性無力感に関する実験

　学習性無力感は，1967 年に M. E. Seligman と S. F. Maier（メイヤー）が行ったイヌを対象とした実験で観察された。この実験の内容は次のとおりである。

> ❶イヌを次の3つの群に分ける。
> 　1　自分の力で電気ショックを回避できる体験をさせた
> 　　群（回避可能群）

2 自分の力では電気ショックから回避できない体験を させた群（**回避不可能群**）

3 電気ショックが与えられない，比較のための群（**統 制群**）

❷電気ショックを自由に回避できる実験状況において，各 群に電気ショックを与える。

➡ |結果| 1の回避可能群は，電気ショックから逃れるよう に試行錯誤をして回避することを学んだ。しかし，2の 回避不可能群は，電気ショックを受けるともがくものの， すぐに諦めて，我慢するだけであった。

この実験から，いくら自分が努力しても，望む結果が得ら れないという経験を積み重ねることにより，イヌが**無力感**を 学習することが示唆された。また，1975年に D. S. Hiroto と M. E. Seligman は，**人間の場合にも同様の現象があるこ と**を示した。

　学習性無力感は，自力では乗り越えられない失敗体験を繰 り返すことで，無気力な抑うつ状態になるという，**うつ病**の 形成モデルとの関連が指摘されている。ただし，**原因帰属の 仕方**によって，失敗体験の捉え方が異なるため，すべての者 が抑うつ状態になるとは限らない。

学習性無力感は頻出キー ワードです。
提唱者と定義をしっかり 覚えておきましょう。

認知バイアス

問 47歳の女性A，会社員。Aは，普段は会社まで電車を利用している。ある日，いつものように出勤のため電車に乗ったところ，人身事故のため，長時間にわたって電車が停車するという状況に遭遇した。この事故を経験してからしばらくの間，Aは電車通勤をやめて，車で会社まで通勤していた。Aによると，「電車は事故が起こりやすいので，車通勤の方が安心だ」とのことであった。

　Aのエピソードを説明するのに最も適切な認知バイアスを1つ選べ。

① 錯誤相関

② 透明性錯誤

③ フレーミング効果

④ アンカリング効果

⑤ 利用可能性ヒューリスティック　（オリジナル問題）

★ ワンポイント解説

認知バイアスにはさまざまな種類があるので，それぞれの定義を具体例とともにしっかり覚えておこう。

🔒 キーワード

認知バイアス ▶P.60-61

ヒューリスティック ▶P.61

・framing（フレーミング）
・anchoring（アンカリング）
・heuristic（ヒューリスティック）
など，英語表記も確認するとよいでしょう。

解答・解説

答え ⑤

① ✕
➡ 錯誤相関は，実際には因果関係のない2つの出来事の間に関連があると思い込むことである。（不適切）

....

② ✕
➡ 透明性錯誤は，自分の考えや感情などの内的状態が実際以上に**相手に伝わっている**と思い込むこと。（不適切）

> 【透明性錯誤の例】人前で話すときにとても緊張していることが聴衆に伝わっているのではないかと思っていたが，聴衆はその人が緊張しているとは思っていなかった。

....

③ ✕
➡ フレーミング効果は，同じ事実を異なる**表現**で伝えるとその事実に対する判断が変わってしまう現象。（不適切）

....

④ ✕
➡ アンカリング効果は，事前に提示された数字や情報が，無意識的に**その後に行われる**判断の基準として用いられること。（不適切）

....

⑤ ○
➡ 利用可能性ヒューリスティックは，思い出しやすい出来事の**発生確率を過剰に見積もる**こと。実際は自動車事故の方が電車の事故よりも発生確率が高いが，Aは人身事故に遭遇したことで電車の事故を思い出しやすくなっているため「電車の事故は発生しやすい」と過剰に見積もり，車通勤をするようになったと考えられる。（適切）

【 認知バイアス：cognitive bias 】

　認知バイアスとは，人が意思決定や判断を行うときに生じる非合理的な誤りのこと。例えば，以下のような2つのワクチンがあった場合，どちらのワクチンを選択するだろうか。

　ワクチンA：打った人の80%に副作用がなかった。

　ワクチンB：打った人の20%に副作用があった。

　これらの説明は同じ事実を示しているが，多くの人はBよりもAの方が副作用が少ないように感じ，Aを選ぶだろう。このような論理や確率論とは矛盾した**非合理的な判断**をする現象を認知バイアスという。なお，上記の例は**フレーミング効果**の例といえる。

　その他の主な認知バイアスとして，次のものが挙げられる。

対比効果	2つ以上の対象を比較して評価すると，対象を単独で評価する場合よりも，それらの評価の差が大きくなること。
	(例) 採用面接で，前の面接者の印象がよいと，その後の面接者の印象が実際以上に悪く評価される。
確証バイアス	自分の意見や考えと一致する情報のみに注目し，自分の意見や考えに反する情報には目を向けないこと。
	(例) Aは厳しい人だと思っていると，Aが他人に厳しくしている状況だけに注目し，優しくしている状況には目を向けない。
根本的帰属の誤り（対応バイアス）	観察された行為の原因を行為者の内的なもの（才能や努力など）に帰属し，外的なもの（課題の困難さや運など）の影響力を過小評価する傾向のこと。

	（例）Aが自動車事故を起こしたと聞いて，「Aはいつも注意力散漫だから」と考える。
行為者−観察者バイアス	ある行為について，観察者はその原因を行為者の内的な要因に原因帰属をするが，行為者自身は外的な要因に原因帰属をする傾向のこと。
	（例）Aが自動車事故を起こしたと聞いた知人は「Aは注意力散漫だから」と考え，A本人は「事故した場所は見通しが悪い」と外的な要因のせいだと考える。
後知恵バイアス	物事の結果を知ってから，その結果は予測可能であったと考えること。
	（例）知り合いが結婚すると知って，「以前からそろそろ結婚すると思っていた」と言う。
利用可能性ヒューリスティック	思い出しやすい出来事の発生確率を過剰に高く見積もること。
代表性ヒューリスティック	あるカテゴリーにおいて典型であると考えられる事例の発生確率を過大評価すること。
	（例）「万引きをしやすいのは『高校生』と『不良高校生』のどちらか」と質問すると，より万引きの典型のイメージがある「不良高校生」と答えやすい。
係留と調整ヒューリスティック（アンカリング効果）	事前に提示された数字や情報が，無意識的にその後に行われる判断の基準として用いられること。
	（例）自分の電話番号の下2桁を思い出してもらった後で「アフリカの国連加盟国の数」を推測させると，電話番号の下2桁が大きい数の人ほど国連加盟国の数を大きく推測した。

アタッチメント理論

問 4歳の女児A。Aは，保育園では友だちや保育士の顔色をいつもうかがっていて，対人不安や緊張が非常に高い。母親への依存が強いため，母親が保育園に迎えに来ると，まっさきに母親のもとへ駆け寄り，不満をぶつける。ある日，Aは運動会の練習で転んで怪我をしてしまった。Aは大声で泣き始め，保育士が必死に慰めても泣き止まない。その後Aは疲れて眠ってしまったが，目を覚ますと，再び転んでケガをしたことを思い出し，母親が迎えに来るまで泣き続けた。この時も，母親が迎えに来るとAは母親のもとへ駆け寄り，身体接触を求め，不満をぶつけた。

　　Aのアタッチメントタイプとして，適切なものを1つ選べ。

　　① 抵抗（アンビバレント）型

　　② 安定型

　　③ 無秩序・無方向型

　　④ 回避型

（オリジナル問題）

★ ワンポイント解説

ボウルビィのアタッチメント理論，エインスワースによるアタッチメントタイプの分類を確認しよう。

🔒 キーワード

ボウルビィのアタッチメント理論 ▶P.64

アタッチメントタイプ ▶P.65

抵抗（アンビバレント）型 ▶P.65

養育者との関係性を表すAの行動から，アタッチメントタイプを推測しましょう。

解答・解説

答え ①

① ○

・母親が保育園に迎えに来ると，まっさきに母親のもとへ駆け寄り，不満をぶつける（**アンビバレントな行動**）

・身体接触を求め，不満をぶつけた（**安心を求める行動**）

➡ 🔒 **抵抗（アンビバレント）型**の反応である。また，養育者以外の他者への不安の高さや，ケガをするというネガティブな出来事に関する記憶へのアクセスのしやすさなども抵抗型の特徴といえる。（適切）

....

② ✕

➡ 安定型であれば，養育者が保育園に迎えに来た時の反応としては，駆け寄り**接触**を求めるが，すぐに**安心する**（不満をぶつけるなどはしない）と考えられる。（不適切）

....

③ ✕

➡ 無秩序・無方向型であれば，養育者が保育園に迎えに来た時の反応としては，**顔をそむけて**養育者に近づく，保育園の壁に身体をつけたまま養育者の顔を見つめるというように，**接近と回避**という本来両立しない行動を同時に示すと考えられる。（不適切）

....

④ ✕

➡ 回避型であれば，養育者が保育園に迎えに来た時の反応としては，特に**接触しようとしない**といった行動を示すと考えられる。（不適切）

【 J. Bowlby（ボウルビィ）のアタッチメント理論 】

アタッチメント（attachment：愛着）とは，子どもと養育者との間に形成される強い情緒的な結びつきのことである。また，ネガティブな情動状態（不安や恐れなど）を，他者にくっつくことによって低減・調節しようとする行動制御システムでもある。

子どもは，安定したアタッチメントを養育者との間に形成することによって養育者を安全基地として，探索活動を行うことで経験を拡充する。そして，探索活動を行っている最中にネガティブな情動が生じると，養育者のもとへ避難し，安心感を得て，再び探索活動へ戻ることができる。

J. Bowlby は，アタッチメントの形成過程を次の4段階に分けている。

①無差別な社会的反応の段階（生後1〜2か月）
人を識別する能力はないが，近くにいる人に愛着行動をする。人の声を聞いたり顔を見たりすると泣き止むことがよくある。

②特定の人への社会的反応の段階（〜生後6か月）
日常よく関わってくれる人に対して特に愛着行動をする。養育者の声や顔に対してよく微笑んだり声を出したりする。

③特定の人への接近維持の段階（〜2歳頃）
相手によって明らかに反応が異なり，人見知りが始まる。養育者を安全基地として探索活動をする。

④目標修正的パートナーシップの段階（2歳以降）
養育者の表情や言動から感情や意図をかなり理解するようになり，自分の要求や主張を調節しなければならないことを知り，パートナーシップの関係を発達させる。

【アタッチメントタイプ】

アタッチメントは発達早期の養育者との関係性によって4種類に分類される。代表的な測定方法に M. Ainsworth（エインスワース）の**ストレンジ・シチュエーション法（SSP）**がある。SSP では，①実験室など馴染みのない部屋で養育者と過ごす様子，②途中で養育者が退室し見知らぬ人が入室した時の反応，③養育者が戻った時の反応，を観察する。

アタッチメントタイプの背景には**養育者の関わり方**があり，安定型でないことが「悪い」ことではなく，それぞれの生育環境で最適な反応であるといえる。

アタッチメントタイプ	SSP での子どもの反応	養育者の関わり方
回避型 （Aタイプ）	養育者が退室してもほとんど悲嘆せず，戻っても接触を避ける。	子どもの働きかけに拒否的に振る舞うことが多い。
安定型 （Bタイプ）	養育者が退室すると悲嘆するが，戻ると接触を求めて安心し再び探索活動を行う。	子どもの欲求や状態の変化に敏感で無理な働きかけが少ない。
抵抗(アンビバレント)型 （Cタイプ）	養育者がいても不安定な行動を示す。養育者が退室すると強く悲嘆し，戻ると養育者との接触を求める一方で自分を置いて去ったことへの怒りなどを示す。	子どもがアタッチメントのシグナルへの敏感性が低く，行動や感情状態の適切な調整が不得手である。
無秩序・無方向型 （Dタイプ）	顔をそむけて養育者に近づくなど，接近と回避という本来両立しない行動を同時に示す。	虐待を行っている，もしくは親が抑うつなどの感情障害である場合が多い。

（数井みゆき・遠藤利彦編著『アタッチメント：生涯にわたる絆』〈ミネルヴァ書房，2005〉を参考に筆者が作成した。）

認知発達段階

問 女児Ａ。Ａは，砂遊びが大好きである。いつも砂場で おままごとをしながら，砂のおにぎりなどを作って遊んで いる。ただ，砂で山を作ると，自分から見えている山の形 しか想像することができず，反対側にいる友だちに「この 山は左の方がとがっているね」と言われると，「違うよ， 右の方がとがっているよ」と答え，言い合いになってしま うことがある。また，Ａは粘土遊びも大好きである。粘土 でケーキを作って遊んでいると，同じ量の粘土を使ってい たにもかかわらず，自分より厚みのある粘土ケーキを作っ た友だちに「そっちのケーキの方が大きくて羨ましい」と 言って，より多くの粘土を欲しがった。友だちの粘土ケー キと同じ厚さになった時，Ａは満足したようだった。

Ａの発達状況の説明として，<u>不適切なもの</u>を１つ選べ。

① 脱中心化

② 象徴機能

③ 保存概念の不成立

④ 見立て遊び

(オリジナル問題)

★ **ワンポイント解説**

ピアジェの認知発達段階をテー マとする事例である。Ａが発達 段階のどの段階（年齢）に当た るのかを適切に捉えよう。

🔒 **キーワード**

ピアジェの認知発達段階
▶P.68

自己中心性 ▶P.68-69

保存概念 ▶P.68-69

Ａの言動の特徴から 発達段階（年齢）を 推測しましょう。

① ○

➡ 脱中心化は**具体的操作期**にみられる発達的特徴であり，🔒 **自己中心性**から脱してさまざまな知覚情報の**統合**が可能となることである。（不適切）

・・・

② ×

・砂のおにぎりなどを作って遊んでいる
・粘土でケーキを作って遊んでいる

➡ **前操作期**になると言語能力の発達に伴って**象徴機能を獲得**し，心の中のイメージを言語や別のもので表すことができるようになる。Aはイメージを砂や粘土で表現できているといえる。（適切）

・・・

③ ×

同じ量の粘土を使っていたにもかかわらず，自分より厚みのある粘土ケーキを作った友だちに「そっちのケーキの方が大きくて羨ましい」と言って，より多くの粘土を欲しがった

➡ 🔒 **保存概念**の成立は7～11歳頃の**具体的操作期**に現れる特徴であり，前操作期には不成立。Aは，同じ量の粘土であっても，厚さが違うので大きさが異なっていると考えており，保存概念が不成立である。（適切）

・・・

④ ×

➡ 見立て遊びとは，何かを別なものに見立てる遊びである。②で述べたように，**象徴機能の獲得**によって，砂をおにぎりと見立てたり，粘土をケーキと見立てたりして遊ぶことが可能となる（適切）。

認知発達段階

【 J. Piaget（ピアジェ）の認知発達段階 】

J. Piaget は，認知的側面から人の発達を4段階に分けた。

感覚運動期 （0〜2歳）	感覚を通して外界を認識し，自らの身体を使って外界へ働きかけながら，より一層認識を広げていく段階。
	特徴：**同化と調節**，対象の永続性の獲得
前操作期 （3〜6歳）	象徴機能が発達し，心の中のイメージを別のもので表すことができるようになる段階。
	特徴：自己中心性（**三つ山課題**や**保存概念の課題**の失敗），象徴機能
具体的操作期 （7〜11歳）	見かけにとらわれず論理的な思考が可能になるが，自身の目で見て操作可能なものに限られ，抽象的思考はできない段階。
	特徴：脱中心化，保存概念の成立
形式的操作期 （12歳以降）	可能性の世界から現実を考えることができるようになる段階。
	特徴：仮説演繹的思考

1 同化と調節

J. Piaget は知的発達を既存の**シェマ**（認識の枠組み）の変化として捉え，その過程には**同化**と**調節**があると考えた。

同化	シェマに新しい要素を統合すること
調節	シェマが修正されること

例えば，「小さくてふわふわしており『ワン』と鳴くもの」という犬のシェマを持つ子どもが，マルチーズを犬だと認識する場合を**同化**という。同じ子どもがゴールデンレトリバー

を見た時には，その大きさから犬として**同化**することができない。これを犬と認識するようになることを**調節**という。

2 三つ山課題

　自己中心性の有無を調べるための課題。この課題の失敗は，**前操作期**における**自己中心性**を証明する。

実験の手順

❶3種の異なる特徴を持った山の模型を子どもの前に置く

❷子どもの位置とは異なる位置からは山がどのように見えるか問う

→前操作期の子どもは自分とは異なる位置からの山の見え方をイメージすることが難しく，自分が見えている山と同じように見えると答える。

3 保存概念に関する課題

　保存概念の有無を調べるための課題。この課題の失敗は**前操作期**における**自己中心性**を，この課題の成功は**具体的操作期**における**脱中心化**を証明する。

保存概念の代表的な実験の手順

❶同じ大きさの2つのコップに同じ量の水を注ぎ，同じ量であることを子どもに見せる

❷片方のコップから，より細くて長いコップに水を移し替える

❸この時，2つのコップの水の量は同じか違うかを子どもに問う

→前操作期においては，水の高さのみ，または幅のみといった1つの視点にとらわれ，移し替えたコップの水の方が量が少ない，または多いと答える。一方，具体的操作期になると，高さにも幅にも着目し，量が同じだと答えることができる。

高齢期の発達心理学 <small>知識</small>

問 79歳の男性Ａ。3人の子どもが独立した後，Ａは妻と二人暮らしだったが，1年前にその妻に先立たれた。妻の死後しばらくは，なぜ丈夫だった妻が自分よりも早く死んだのかという思いが強く，怒りのような感情を覚えることが多かったが，最近はむしろ抑うつ感情が目立つようになってきている。近くに住む娘に，20歳から30歳代だった頃の話を突然し始めたり，その一方で「自分のこれまでの人生は無駄だった，もう生きていてもしょうがない」というような発言が増えてきたりしている。また，本人は自覚していないが，既にやり終えたことを忘れてしまうことも少しずつ生じてきている。

Ａの心理状態の説明として，<u>不適切なもの</u>を1つ選べ。

① 絶望

② 認知機能の低下

③ レミニセンスバンプ

④ 補償を伴う選択的最適化

⑤ 妻の死の受容過程の初期段階　　（2019年試験 問71）

★ ワンポイント解説

Ａは複数の心理状態を示しているため，その一つひとつを的確に捉えることができるかどうかが鍵となる。

🔒 キーワード

レミニセンスバンプ ▶P.71

サクセスフルエイジング
▶P.72-73

エリクソン ▶P.72

死の受容過程 ▶P.71,141

それぞれの心理状態と選択肢との対応を確認しましょう。

① ✕

「自分のこれまでの人生は無駄だった，もう生きていてもしょうがない」というような発言が増えてきたりしている

➡ 🔒 E. H. Erikson（エリクソン）が示した老年期の課題の失敗である「絶望」の状態に当てはまる。（適切）

....

② ✕

本人は自覚していないが，既にやり終えたことを忘れてしまうことも少しずつ生じてきている

➡ 認知機能の低下が示唆される。特に，本人に自覚がないため，加齢よりは認知症によると考えられる。（適切）

....

③ ✕

娘に，20歳から30歳代だった頃の話を突然し始めたり，

➡ 人生で経験した出来事に関する記憶（自伝的記憶）の想起のしやすさは年齢によって異なり，青年期の記憶は比較的想起しやすいとされる。この傾向を 🔒 レミニセンスバンプ（reminiscence bump）という。（適切）

....

④ ◯

➡ 🔒 サクセスフルエイジングの理論の一つであり，これに相当する情報は設問中にはない。（不適切）

....

⑤ ✕

（妻の死に対して）怒りのような感情を覚えることが多かったが，最近はむしろ抑うつ感情が目立つようになってきている

➡ E. Kübler-Ross（キューブラー＝ロス）は，🔒 死の受容過程として，否認，怒り，取り引き，抑うつ，受容の5段階を挙げている（P.141参照）。（適切）

【 E. H. Erikson（エリクソン）の心理・社会的発達段階 】

E. H. Erikson は，人の発達を8段階に分け，段階ごとに乗り越えるべき／獲得すべき課題があるとした。特に，青年期の課題である「自我同一性（アイデンティティ）」は E. H. Erikson が提唱した概念であり，時空を超えた自己の斉一性と連続性の感覚のことで，他者によっても認められ，個人と文脈が相互に影響し合うという性質を持つ。つまり，過去から現在，未来にかけて連続した「自分とは何か」という問いに対する答えであり，老年期においてその統合がなされる。

時期（年齢）	心理的課題	得られる徳（活力）
乳児期（0~2）	基本的信頼　対　不信	希望
幼児期前期（2~4）	自律性　対　恥・疑惑	意志
幼児期後期（4~6）	自発性　対　罪悪感	目的
児童期（6~12）	勤勉性　対　劣等感	有能感
青年期（12~20）	自我同一性の確立　対　拡散	忠誠
成人期（20~40）	親密性　対　孤独	愛
中年期（40~65）	生殖性　対　停滞	世話
老年期（65~）	自我の統合　対　絶望	知恵（英知）

【 サクセスフルエイジングの理論 】

サクセスフルエイジングとは，長寿で健康，生活満足度・主観的幸福感が高い状態を意味する。次に，この状態を保つための理論を紹介する。

活動理論	活動性や社会的関係を高く維持することを重視する理論。
離脱理論	高齢期以前の活動性や社会的関係からの撤退を重視する理論。高齢期の離脱は，高齢者自身にとって不可避的事態であると同時に，後進の育成にとって重要であると考えられた。
持続理論	高齢期以前から各人の持続性を重視する理論。例えば，同一性の主観的感覚の保持や，対人関係等が引き続いている。以前からの持続性が過小では急激な変化に対応しきれず，過大では停滞感から退屈するため，程よい最適な持続性が求められる。
老年期超越論	物質的で合理的な世界観を捨て，宇宙的な世界観を持つこと。宇宙（普遍）的次元，自我の次元，社会と自分との関係次元の3次元からなる。
社会情緒的選択理論	生きる時間が限られていると認識した時，ポジティブ感情の経験を重視し，親密な他者との関わりの時間を増やすこと。
補償を伴う選択的最適化（SOC）理論	高齢期に避けがたい能力低下のような喪失への対処として，その能力の発揮を要する領域を選択し，従来とは異なる代替的な方略を用い，能力低下を補償することを目指す。

近年，高齢化が進む日本社会において，高齢期の発達は重要な領域の一つです。

心理検査における留意点　査定

問　11歳の男児A，小学5年生。Aは，忘れ物が多く，授業中に落ち着きがなく，授業を聞いている様子がみられない。気分によっては，時々教室から出てしまうこともあるという。Aは母親Bと一緒にスクールカウンセラーである公認心理師Cのところを尋ねた。面接では，Bから生育歴や家庭での様子，Aから困っていることなどの情報を収集した。Aの情緒的側面と認知的側面の把握のために，バウムテストとWISC-Ⅳを実施した。

Cが検査場面とその後に行う対応として，最も適切なものを1つ選べ。

① 客観的情報を収集するために，Aとのラポール形成を避けた。

② Bに求められたため，検査用紙をコピーして渡した。

③ Aが検査に対する先入観や恐怖心を抱かないように，事前に検査について説明することを控えた。

④ 実施時間が長く，Aには疲れがみられていたが，そのまま続けてすべての検査項目を実施した。

⑤ 検査結果のフィードバックを，AとBそれぞれに向けた内容で2種類作成した。　（オリジナル問題）

★ **ワンポイント解説**

心理検査時の対応として，導入から実施，フィードバックまでの基本的な考え方を押さえておくことが重要である。

🔒 **キーワード**

ラポール形成　▶P.77
インフォームド・コンセント
　▶P.76

答え ⑤

① ×
➡ 検査場面は，検査対象者が緊張や不安を感じ，検査結果に反映される可能性があるため，心理検査の実施前に検査対象者との 🔓 ラポール形成の時間をとる必要がある。（不適切）

② ×
➡ 心理検査は標準化され，機能や妥当性が担保されたものであるため，検査の情報が流出すると他の検査対象者の結果にも影響を与えかねない。そのため，**検査対象者**や**保護者**を含め，検査を実施する専門家以外に検査用紙や問題などに関する詳細な情報は伝えない。（不適切）

③ ×
➡ たとえ検査対象者が未成年であっても，保護者だけでなく本人にも検査を行う目的を丁寧に説明し，🔓 **インフォームド・コンセント**をとることが原則である。（不適切）

④ ×
➡ 検査の実施時間が長く，検査対象者が負担を感じている場合には，予定していた検査を途中でやめ，実施検査を再考するか，回数を分けて実施するなど，検査対象者の状態を踏まえて対応する必要がある。（不適切）

⑤ ○
➡ 検査結果のフィードバックは，同一内容のものではなく，検査対象者や支援対象者に合わせて表現や内容を考えて作成するのが望ましい。（適切）

【 心理検査を実施する際の留意点 】

　心理検査は**アセスメント**手段の一つであり，検査の導入から実施，フィードバックまで，公認心理師としての専門的スキルが問われるものである。それぞれの留意点を以下に示す。

１　心理検査を検討，導入する際の留意点
①心理検査を行う**目的**を明らかにする

　インテーク面接で心理検査を行う場合は，把握したいクライエントの側面を整理し，目的を精査する。面接途中で行う場合は，検査を行うタイミングや理由，目的を十分に考える。**医師**などから依頼を受けた場合は，依頼者に検査の目的を確認し，検査対象者の情報を踏まえて検査内容を検討する。

②検査対象者の状態を把握し，検査を考える

　発達段階や**病理水準**など検査対象者の状態を把握し，検査の負担を吟味して，検査の種類や数，検査時間などを考える。

２　心理検査を実施する際の留意点
①**インフォームド・コンセント**をとる

　検査の実施前に，検査対象者に目的と方法を説明し，**同意**を得る。検査対象者が子どもの場合は，年齢や状態に応じた説明をして同意を得るとともに，**保護者**に対しても説明をして同意を得ることが原則である。

②**フィードバック**の方法について話し合いをしておく

　検査結果の伝え方や，誰に，どの程度伝えるのかをクライエントやその保護者と事前に話し合っておく。

③ラポール形成を行う

　検査場面は検査対象者が**緊張**や**不安**を感じやすい。検査対象者の非言語的態度（声の調子や関わり方）や検査前の会話などを踏まえ，安心して検査を受けられるように工夫する。

④検査対象者の状態を見ながら検査を実施する

　検査中に検査対象者が**体調を崩し**たり検査を**拒否**したりして，検査の継続が難しい場合は，中断して別日に実施するなどの対応をとる。

3　フィードバックをする際の留意点

①検査対象者の支援につなげられる内容にする

　検査の目的は**アセスメント**であり，検査対象者の支援につなげられるような有益な情報にする必要がある。

②**苦手さ**と**得意さ**の両面を記述する

　フィードバックの内容は，**課題**だけに着目するような表現は避け，**得意**な面や**健康的**な側面を含める。

③検査結果の**数値**を伝える必要がある場合は慎重に行う

　知能検査の IQ などの**数値**のみを伝えると，それだけに着目して評価される可能性がある。検査対象者の個別性を踏まえた特徴を捉えるために，**数値**を伝えるのか否かも含めて慎重に検討する。

④対象者が理解できるような言葉を使う

　心理検査は専門用語が多く，検査対象者や保護者，他職種が理解しづらい。フィードバックの対象に合わせた**平易な言葉**や**適切な表現**を用いる。

インテーク面接　対応

問　15歳の女子Ａ，中学３年生。Ａが人の目が怖くて教室に入れないということで，学校からの勧めもあり，公認心理師Ｂがいる市の相談センターに母親Ｃから相談申込みの電話があった。Ｃの話によると，学校ではいじめなどの大きな問題はないが，１か月前から不登校状態が続いているという。母子並行面接ということで受理し，面接を行うことになった。インテーク面接当日，Ａは，担当であるＢとの面接が始まる際に，Ｃとの分離に不安を示した。インテーク面接の最中も，Ａの緊張は高く，なかなか自分の状態について語ることができなかった。

Ｂが行うインテーク面接とその後の初期対応として，最も適切なものを１つ選べ。

① ＡとＣとの関係性が面接に影響するため，母子同室面接は行わない。

② Ａが未成年であるため，Ａの在籍校にはＡが来所したことを報告する。

③ 人の目が怖い理由や原因についてＡに尋ね，まずはそれを意識化させる。

④ 面接に期待していることをＡに尋ね，Ｂが最善の努力をすることを伝える。

⑤ 言語面接が可能である場合，身体に作用するリラクセーション技法は用いない。　（2020年試験　問60）

★ **ワンポイント解説**

インテーク面接では情報収集に加え，ラポール形成も重要である。クライエントに応じた対応を考える必要がある。

🔒 **キーワード**

インテーク面接　▶P.80-81

答え ④

① ✕

・Aが人の目が怖くて教室に入れない

・Aは……Cとの分離に不安を示した。……Aの緊張は高く，なかなか自分の状態について語ることができなかった

➡ 面接場面でAが安心して過ごせるように，Aの状態像に応じて**母子同室面接**を行う可能性がある。（不適切）

⋯⋯⋯⋯⋯⋯⋯⋯⋯⋯⋯⋯⋯⋯⋯⋯⋯⋯⋯⋯⋯⋯⋯⋯⋯⋯

② ✕

➡ **守秘義務**があるため，Aの情報を外部には口外しない。学校などの外部に連絡する必要がある場合には，保護者と本人の許可を得た上で実施するなど，**インフォームド・コンセント**が必要である。（不適切）

⋯⋯⋯⋯⋯⋯⋯⋯⋯⋯⋯⋯⋯⋯⋯⋯⋯⋯⋯⋯⋯⋯⋯⋯⋯⋯

③ ✕

インテーク面接とその後の初期対応として，最も適切なもの

➡ ③「意識化」は，クライエントを問題に**直面**させること。Aとの**ラポール形成**が不十分で，治療契約をしていない状態で行う初期対応として適切ではない。（不適切）

⋯⋯⋯⋯⋯⋯⋯⋯⋯⋯⋯⋯⋯⋯⋯⋯⋯⋯⋯⋯⋯⋯⋯⋯⋯⋯

④ ◯

➡ 🔒 **インテーク面接**ではラポール形成が重要である。Aは不安や緊張を示しており，面接場面で安心して過ごしてもらうことが大切である。そのため，公認心理師BはAに対して誠実な態度をとることが求められる。（適切）

⋯⋯⋯⋯⋯⋯⋯⋯⋯⋯⋯⋯⋯⋯⋯⋯⋯⋯⋯⋯⋯⋯⋯⋯⋯⋯

⑤ ✕

➡ 面接場面をリラックスした状態で過ごせるように，クライエントの状態に合わせた技法を取り入れることが望ましい。

【インテーク面接：intake interview】

インテーク面接は**アセスメント面接**の一つで，**受理面接**とも呼ばれる。クライエントが，相談機関で最初に行う面接のことである。インテーク面接の目的は以下のとおり。

❶クライエントとのラポール（信頼関係）の形成
❷クライエントの主訴，背景要因（家族歴，生育歴，既往歴，来談経緯）などの情報収集

情報収集の際には，**面接法，観察法，検査法**を組み合わせることによってクライエントの情報を収集し，多角的にアセスメントを行う。

面接法	アセスメント対象者に面接をする場合と，家族や教員など対象者と関わる人に面接をする場合がある。面接の形態は，構造化の程度によって以下の３種類に分類される。①**構造化面接** 決められた質問項目のみを用いた面接。②**半構造化面接** 事前に準備した質問を基に自由に語ってもらう。面接者も語りに合わせて質問を追加することが可能。③**非構造化面接** 自由に語ってもらう方法。
観察法	日常場面や面接室，プレイルームなどでのクライエントの行動や様子を観察し，主に非言語的な情報を得る方法。
検査法	標準化された検査を用いて，クライエントの知的発達，情緒的側面，パーソナリティなどの情報を収集する。多元的なアセスメントを行うために，複数の検査からなる**テスト・バッテリー**を組むことが多い。

また，クライエントが親・子ども・成人のいずれであるかによるインテーク面接の特徴は，以下のとおりである。

親	・子どもや育児に関する問題や悩みを主訴として扱う。 ・子どもを取り巻く環境の把握を行うために，主訴のほか，家族歴や子どもの生育歴，生活歴，現在の状況を中心に情報収集する。 ・親としてではなく，自身の問題として向き合う必要がある場合は，再契約の上で，個人面接として実施する。
子ども	・子どもの年齢や様子，発達状況（言語的能力など）により，心理面接もしくはプレイセラピーを選択する。 ・クライエントは無理やり保護者に連れてこられていたり，相談機関に来所した理由を知らなかったりする場合もあるため，担当者は対応やラポール形成により一層注意が必要である。 ・子どもによって自分の悩みについて表現する力が異なるため，インテーク面接時の様子を踏まえて，プレイセラピーの要素を含めた心理面接にするなど，担当者が判断することもある。 ・保護者と子どもに別の担当者を設定する並行面接や，同じ担当者で時間帯を分ける並行面接，子どもと母親と一緒に面接を行う合同面接などがある。面接の目的や保護者と子どもの様子に合わせて選択する。
成人	カウンセリングを希望して来談したクライエントの悩みや問題を主訴として扱う。

生物－心理－社会モデル 査定

問 32歳の女性A，会社員。Aは，感情の不安定さを主訴に社内の心理相談室に来室し，公認心理師Bが面接した。職場で良好な適応状況にあったが，2か月前から動悸をしばしば伴うようになった。その後，異動してきた上司への苛立ちを強く自覚するようになり，ふとしたことで涙が出たり，これまで良好な関係であった同僚とも衝突することがあった。最近では，緊張して発汗することがあり，不安を自覚するようになった。

　Bが優先的に行うべきAへの対応として，最も適切なものを1つ選べ。

① 休職を勧める。

② 瞑想を教える。

③ 認知行動療法を勧める。

④ 医療機関の受診を勧める。

⑤ カウンセリングを導入する。　　（2020年試験 問68）

★ **ワンポイント解説**

設問文の内容を丁寧かつ忠実に読み解き，Aの症状が出現した原因を考える。

🔒 **キーワード**

生物－心理－社会モデル
▶P.84-85
心理的アセスメント ▶P.84
多職種連携 ▶P.85

職場での対人トラブルのみに焦点を当てて答えると，誤答につながりやすいです。

解答・解説

答え ④

① ✕

➡ 一般的に休職の手続きには**医師の診断書**が必要となる。そのため、休職の必要性の有無も含めて、まず**医療機関の受診**を勧めることが妥当である。（不適切）

··

② ✕

➡ 瞑想は、第3世代の**認知行動療法**の一つであるマインドフルネス瞑想として用いられることがある。本問では優先的に行う対応を求められており、まずは 🔒 **心理的アセスメント**が第一優先であると考えられる。（不適切）

··

③ ✕

➡ ②と同様、まずは**心理的アセスメント**が第一優先である。さらに、認知行動療法では、「刺激」に対する認知・行動・感情・身体反応を含めた「反応」から生じる「結果」（三項随伴性）を分析し、介入することが求められるが、現段階では認知行動療法を行うための情報が不十分である。（不適切）

··

④ ◯

2か月前から動悸をしばしば伴うようになった

➡ Aはこの症状を機に不適応状態に至っている。設問文には原因についての記述がないため、まずは**生物的要因**の可能性も視野に入れ、**医療機関の受診**を勧めることが妥当である。（適切）

··

⑤ ✕

➡ Aの状態を正確に**アセスメント**し、支援方針を決めてからカウンセリングを行うことが一般的である。（不適切）

【 生物－心理－社会モデル：Bio-Psycho-Social model 】

　生物－心理－社会モデルとは，クライエントの呈する症状や問題について，**生物的要因，心理的要因，社会的要因**の3つの要因の観点から考え，支援を行う枠組みである。

　1977 年に精神科医の G. L. Engel（エンゲル）が，**ストレス関連疾患**などの多様化する疾患に対応するために，当時の主流であった**生物医学モデル**に対し，生物・心理・社会的要因の3つの必要性を主張し，本モデルを提唱した。現在では，クライエントに関する適切な理解と支援を行うための包括的なアプローチ方法として，医療現場を始めさまざまな領域で重視されるようになっている。

■ 生物－心理－社会モデルを踏まえた心理的アセスメント

　クライエントの問題は，さまざまな要因が複雑に重なっている。**心理的アセスメント**において単一的な方法でクライエントを理解することは不十分であり，**面接**や**行動観察，心理検査**といったさまざまな方法を組み合わせる必要がある。

　公認心理師はクライエントの状態について，**脳，神経，細胞，遺伝子，ウイルス**などの生物学的側面の問題を確認した上で，パーソナリティや**認知，知能，ストレス**などの心理学的側面を捉え，さらに，**生活環境，ソーシャルサポート，経済状況**などの社会的側面の状況を把握する。3つの側面から総合的にクライエントを理解し，クライエントの呈する症状や問題を精査した上で，適切な支援をしていくことが重要である（図1参照）。

**図1　心理的アセスメント
における生物－心理
－社会モデル**

（一般財団法人日本心理研修セン
ター『公認心理師現任者講習会
テキスト［改定版］』〈金剛出版,
2019〉を参考に筆者が作成し
た。）

❸社会的側面を確認
（生活環境、ソーシャ
ルサポート等）

❷心理学的側面
を確認（パーソナ
リティ、認知等）

❶生物学的
側面を確認
（脳、神経等）

2　生物－心理－社会モデルにおける心理的支援

　公認心理師法第 42 条第 1 項において，公認心理師は，保
健医療，福祉，教育など**多職種連携**や**地域連携**を行い，総合
的に適切な支援を行うことが定められている。公認心理師は，
生物的要因に対応する医学的治療を行う**医師・看護師**などの
スタッフや，社会的要因に対応する**教師・社会福祉士・精神
保健福祉士**など，それぞれの専門家と密接に連携をしていく
ために協働することが求められる（**図2**参照）。

**図2　連携や協働を意識し
た生物－心理－社会
モデル**

（一般財団法人日本心理研修セン
ター『公認心理師現任者講習会
テキスト［改定版］』〈金剛出版,
2019〉を参考に筆者が作成し
た。）

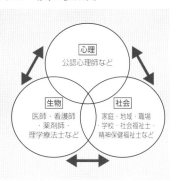

心理
公認心理師など

生物
医師・看護師
・薬剤師・
理学療法士など

社会
家庭・地域・職場
・学校・社会福祉士・
精神保健福祉士など

小学生の問題行動　対応

問　8歳の男児Ａ，小学2年生。入学当初から落ち着きがなく，授業中に立ち歩く，ちょっとしたことで怒り出すなどの行動があった。2年生になるとこのようなことが多くなり，教室から飛び出し，それを止めようとした担任教師に向かって物を投げるなどの行動が出てきた。

　　Ａの行動を理解するためのスクールカウンセラーの初期対応として，<u>不適切なもの</u>を1つ選べ。

　　①　Ａの作文や絵を見る。

　　②　Ａの知能検査を実施する。

　　③　1年次の担任教師からＡのことを聞く。

　　④　担任教師や友人のＡへの関わりを観察する。

　　⑤　Ａの家庭での様子を聞くために，保護者との面接を担任教師に提案する。　　　　　　　　　（2019年試験　問73）

★ ワンポイント解説

「初期対応」として実施すべきことと，次の段階で必要となることを分けて考える必要がある。

🔒 キーワード

児童のアセスメント ▶P.88
スクールカウンセラーの初期対応 ▶P.89

各選択肢のアセスメント手法は，いずれも実際に教育現場で用いられているものです。

解答・解説

答え ②

① ✕

➡ 🔒 **児童のアセスメント**で，制作物を見ることは有用である。特に小学校低学年のケースでは，**非言語的な情報**が必要となる場面は多い。また，制作物を見ることは児童に直接的なアプローチをせず実施でき，初期の対応としてリスクも低い。（適切）

....

② ◯

➡ **知能検査**は有用な情報をもたらしてくれるが，その実施には慎重を期す必要がある。情報の不足している初期段階での検査の実施は望ましくない。（不適切）

....

③ ✕

入学当初から落ち着きがなく

➡ 現状の把握と同時に，1年生の時から継続中の問題や2年生になってから新たに出てきた課題，また支援者との関わりで改善した点などを**時系列**で確認すべきである。（適切）

....

④ ✕

➡ 担任や友人などとの校内での人間関係は，児童の行動や症状に大きな影響を与える。初期のアセスメントでは，児童の身近な人間関係から情報を集め，関係性の把握や支援のリソースを探っていくことが求められる。（適切）

....

⑤ ✕

➡ 家庭での様子や保護者のニーズの把握を抜きにして児童の全体像を理解することは難しい。可能な限り初期段階で面接を設定しておきたい。（適切）

【児童のアセスメント】

　教育分野におけるアセスメントでは，さまざまな関係者から児童の状況や経過について情報を集め，支援の基盤となる資料を作成する。教育分野では，本人からの訴えのみでなく周囲のニーズによって支援に入る場合も多い。そのため，アセスメントにおいても本人へのアプローチに加え，保護者や担任など，周囲からの情報も含めて把握していく必要がある。スクールカウンセラーが単独で得られる情報には限りがあるので，普段の生活を見ている保護者や担任からの情報を得て，児童の全体像を把握するよう努めなければならない。

　本事例のＡについては多動や衝動性の高さがうかがえるが，その要因としては以下のような可能性が考えられる。

①発達障害	発達障害，特にADHDは多動性・衝動性が主な障害特性である。他の発達障害でも，問題が多動性や衝動性として表に出てくるケースがある。表面化した問題がどのような要因から生じているのか，深くアセスメントしていく必要がある。
②家庭の問題	家庭内での問題が多動性・衝動性として学校生活に現れる場合がある。例えば，被虐待児は易刺激性があり，衝動のコントロールに困難が見られる傾向がある。

　このように，正確な見立てのためには，単一の視点だけでなく，多角的な情報収集が必要となる。また，アセスメントを通して児童の関係者と話し合う場を設けることで，関係者同士の信頼関係を築くことにもつながる。

【 スクールカウンセラーの初期対応 】

　支援ニーズに関する情報が入った際に，まずはどのように対応していくべきか判断する必要がある。心理職として，情報収集とともに**ラポール形成**を意識して話を聞く必要がある。

◻1　児童本人から

　児童本人のニーズを確認することは支援において重要である。一方で，初期段階で**情報**が不足したまま本人に深くアプローチしていくことにはリスクがある。本人と並行して周囲からも**情報収集**をしていくことが多い。

◻2　保護者・担任から

　保護者は重要な情報源であると同時に，**支援のニーズ**がある場合も多い。保護者の困り感も含めて把握する必要がある。

　担任は学校での様子を最も把握している存在であり，同時にメインの**支援者**の一人でもある。問題解決を行うにあたり，連携しやすい関係づくりをしていくことが求められる。

◻3　医療機関から

　支援対象者がすでに**医療機関**とつながっている場合には，通院先での見立てや状況を把握する必要がある。多角的な支援のためには，学校内部だけでなく，外部の関係機関と連携し，支援のリソースを確保することが重要である。

【 インフォームド・コンセント 】

　公認心理師は，実施する心理検査や心理療法等について，それが必要となる理由も含めてクライエントに対し十分な**説明**を行い，**同意**を得ることが求められる。対象が児童の場合にも，理解しやすい方法で説明し，同意を得る必要がある。

発達障害の疑いのある子ども 査定

問 10歳の女児A，小学4年生。小学校への行きしぶりがあり，母親に伴われて教育相談室に来室した。母親によると，Aは学習にも意欲的で，友達ともよく遊んでいる。母親をよく手伝い，食前に食器を並べることは必ず行うので感心している。幼児期は泣くことも要求も少ない，手のかからない子どもだった。Aに聞くと，音読が苦手であり，予習はするが授業中うまく音読ができず，緊張して瞬きが多くなり，最近では家でも頻繁に瞬きをしてしまうという。また「友達には合わせているが，本当は話題が合わない」と話す。

Aの見立てと対応として，最も適切なものを1つ選べ。

① チック症状がみられるため，専門医への受診を勧める。

② うつ状態が考えられるため，ゆっくり休ませるよう指導する。

③ 発達障害の重複が考えられるため，多面的なアセスメントを行う。

④ 発達障害が考えられるため，ソーシャルスキルトレーニング（SST）を行う。

⑤ 限局性学習症／限局性学習障害（SLD）が考えられるため，適切な学習方法を見つける。

(2018年試験 問61)

★ ワンポイント解説

設問文から DSM-5 の神経発達症群の特徴に該当する内容を見つけられるかどうかが解答の鍵となる。

🔒 キーワード

発達障害の疑いのある子ども
▶P.92-93

答え ③

① ×

緊張して瞬きが多くなり,最近では家でも頻繁に瞬きをしてしまう

➡ Aには**運動チック**の症状があると読み取れるが,本事例は**小学校への行きしぶり**が来談動機であり,チック症の治療を優先するとは考えにくい。(不適切)

② ×

➡ Aがうつ状態を示している様子はみられない。(不適切)

③ ○

音読が苦手であり,予習はするが授業中うまく音読ができず,

➡ **限局性学習症(発達性ディスレクシア)**の疑いがあると考えられる。また,①のように**チック症**の症状もみられる。どちらも DSM-5 では**神経発達症群**に分類され,複数の発達障害が重複していると考えられる。(適切)

④ ×

・友達ともよく遊んでいる

・「友達には合わせているが,本当は話題が合わない」

➡ Aは友達と話を合わせることができており,対人スキルに問題はなく,SST の実施の必要性は低い。(不適切)

⑤ ×

➡ ③で確認したように,Aは**限局性学習症**の可能性がある。しかし,来談動機は**小学校への行きしぶり**であり,授業面や対人面での悩みなどの複数の要因が関連している可能性が読み取れるため,多面的に見立てと対応を行うことが必要である。(不適切)

アセスメント

【 発達障害の疑いのある子どもへの対応 】

　発達障害（DSM-5 では神経発達症）の疑いのある子どものアセスメントをする際には，支援に必要な**情報**を考え，目的に合わせたアセスメント方法を選択し，子どもの特徴を**多角的**に捉えることが重要である。その際に必要な情報として，以下のものが挙げられる。

障害特性	発達面，または認知面における苦手な領域とその困難さの程度について確認を行う。 特に発達障害の疑いがある場合には，**自閉スペクトラム症や注意欠如・多動症，限局性学習症**などの発達障害の基礎的な知識を踏まえ，障害特性の有無について考慮することが求められる。また，他の**合併症**の可能性についても検討する必要がある。
全体的な知的発達水準	苦手な面だけでなく，**得意な面**も含めて，理解度の水準や物事の理解の仕方に関する特徴などの知的能力や発達状況を把握する。
日常生活の適応状態	障害特性や全体的な知的発達水準を把握するだけでなく，日常場面での行動や様子を確認し，社会での適応状態を確認する。
妨害要因	情緒・行動の問題や日常生活でのつまづきを把握し，適応的な行動を妨害しているものがあるのか確認する。

（辻井正次監修『発達障害児者支援とアセスメントのガイドライン』〈金子書房，2014〉を参考に筆者が作成した。）

【 発達障害の疑いのある子どもへのアセスメント方法 】

発達障害の疑いのある子どものアセスメント方法には，**面接法**，**行動観察法**，**心理検査法**の３つある（P.80 参照）。それぞれの方法を用いて得られた情報を統合し，包括的にアセスメントを行い，支援につなげていく。

１ 面接法

アセスメント対象者に面接をする場合と，家族や教師など対象者と関わる人に面接をする場合がある。アセスメントのための面接はある程度**構造化**された形で行われることが多い。

また，子どもの生育歴や生活環境に関する情報収集を目的として保護者に面接を実施することが多い。日常生活の様子や子ども本人や家族が困っていることを聞き，障害特性を読み取る。その際に，他の発達障害の併存がないか確認する。

２ 行動観察法

子どもの遊んでいる様子や対人場面でのやりとりなどの様子を観察し，本人の発達や能力（コミュニケーション力など）に関する情報を収集する。**発達障害の知識**を踏まえて，観察した情報と参照し，障害特性を読み取る。

３ 心理検査法

知能検査，**発達検査**，**認知検査**などの心理検査を用いて，子どもの知的発達や日常生活の適応，不適応行動などの特徴を**客観的**に把握し，発達障害の特徴が当てはまるか確認する。

心理検査の読み取りと対応 対応

問 22歳の女性A。Aは職場での人間関係における不適応感を訴えて精神科を受診した。ときどき休みながらではあるが勤務は継続している。親と仲が悪いので2年前から単身生活をしているとのことである。公認心理師が主治医から心理的アセスメントとして，YG法，BDI-Ⅱ，WAIS-Ⅳの実施を依頼された。YG法ではE型を示し，BDI-Ⅱの得点は19点で希死念慮はない。WAIS-Ⅳの全検査IQは98であったが，言語理解指標と処理速度指標との間に大きな差があった。

公認心理師が引き続き行う対応として，最も適切なものを1つ選べ。

① MMSEを実施する。
② 田中ビネー知能検査Vを追加する。
③ 家族から情報を収集したいとAに伝える。
④ 重篤なうつ状態であると主治医に伝える。
⑤ 生育歴についての情報をAから聴き取る。

(2019年試験 問140)

★ ワンポイント解説

心理検査の概要や結果の読み取りに加えて，心理的アセスメントの目的と基本的な対応まで理解していることが重要。

🔒 キーワード

YG法（YGPI）▶P.96, 104
BDI-Ⅱ ▶P.96
WAIS-Ⅳ ▶P.97, 120
MMSE ▶P.124
田中ビネー知能検査V ▶P.116

家族関係や職場環境などのAの現在の状況を踏まえて考えましょう。

① ×

・職場での人間関係における不適応感を訴えて精神科を受診した

・WAIS-Ⅳの全検査 IQ は 98 であった

➡ 🔒 MMSE は認知機能の障害や認知症の鑑別スクリーニングとして使われる。Aの悩みは仕事のミスなどの業務遂行に関する悩みではなく，心理検査の結果からも認知機能に問題は見受けられないため，誤り。(不適切)

② ×

➡ 🔒 田中ビネー知能検査Ⅴは基礎的な能力を把握する検査である。すでに WAIS-Ⅳによって A の知的発達の様相を把握しているため，実施する必要はない。(不適切)

③ ×

親と仲が悪いので2年前から単身生活をしている

➡ クライエントが成人の場合は本人から生育歴などの聴取を行うことが一般的である。また，A は親と不仲であるため，保護者から情報を収集する行動が A とのラポール形成に影響する可能性がある。(不適切)

④ ×

BDI-Ⅱの得点は 19 点で希死念慮はない

➡ 🔒 BDI-Ⅱ は抑うつの程度を測定する質問紙検査である。A の抑うつの程度は軽症に当たる。(不適切)

⑤ ○

➡ 心理的アセスメントは，心理検査の結果だけではなく多面的な情報が必要である。そのため，生育歴などの幅広い情報を聴取することが求められる。(適切)

【クライエント状態像・検査結果の読み取り】

　公認心理師の業務として心理的アセスメントは重要である。ここでは，本事例で実施された心理検査の概要と結果を踏まえ，そこから読み取れるAの状態像について解説する。

1　YG法の検査結果から読み取れること

　YG法（YGPI：矢田部ギルフォード性格検査）は，120の質問項目から**心理特性**を数量的に把握する検査である。

　本事例の結果として表されているE型（**不安定消極型**）は，**左下がり**のプロフィールを示し，情緒不安定で，**社会的適応**が不適応／平均的で，内向的であるとされている。臨床場面ではE型は，不適応者が多いとされることから，Aの状態は不適応状態に当てはまると考えられる。ただし，YG法の結果だけで不適応状態を説明できるわけではない。

2　BDI-Ⅱの結果から読み取れること

　BDI-Ⅱ（**ベック抑うつ質問票**）は，A. T. Beck らによって開発された，抑うつ症状の有無とその程度を測定する自記式の質問紙検査である。全21項目の質問で構成されており，過去2週間の状態について回答することにより，抑うつの重症度を把握することができる。質問項目が少なく，比較的**短時間**で評価できるのが利点である。

　抑うつの程度を表す得点の目安は，以下のとおりである。

極軽症	軽症	中等症	重症
0～13点	14～19点	20～28点	29点以上

本事例の結果は19点であり，抑うつの程度は**軽症**に当てはまる。また，**希死念慮**がないということからも，Aが深刻なうつ状態になっているとはいえない。

❸ WAIS-Ⅳの結果から読み取れること

WAIS-Ⅳは，**16歳0か月〜90歳11か月**を対象にした**知能検査**である。本事例の結果では，全検査IQと指標得点間の差のみ記述があるため，その内容から読み取れる知的発達の特徴を押さえておくことが必要である。全検査IQ98は**平均**に分類され，全般的な知能に遅れはみられない。しかし，言語理解指標と処理速度指標との間に大きな差があることから，A個人内の発達のアンバランスさが読み取れる。ただし，指標得点の強弱については記述がないため，得意・不得意の領域については検討できない。

❹ 事例から読み取れるAの状態

本事例は，Aの**心理的アセスメント**を目的に心理検査を実施している。特に，主訴である職場での人間関係の不適応感の背景を考えるために，**テストバッテリー**を組み多面的に捉えようとする様子がうかがえる。

実施した心理検査から，Aは，**抑うつ状態**は軽症であるものの，情緒不安定で内向的，**社会的不適応**を感じやすい性格特性や，**知的発達**のアンバランスさがある点が，職場での人間関係に影響を及ぼしている可能性がある。また，親子関係の不和についても言及されていることから，心理検査の結果のみで判断せず，Aへの**面接**を通して**生育歴**などを情報収集し，総合的にアセスメントを行うことが必要である。

パーソナリティ検査① 査定

問 30 歳の男性 A。数か月前から不眠症状に悩み, 公認心理師 B の勤務する病院に来院した。医師より依頼があり, パーソナリティ検査として TEG-Ⅲ を実施した。A の TEG-Ⅲ の結果は以下のとおりである。

CP: 16　NP: 2　A: 12
FC: 0　AC: 15　L: 0
Q: 2

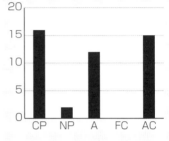

この結果からわかることとして, 最も適切なものを 1 つ選べ。

① A の検査結果は妥当なものでないと判断できる。

② A は義理堅く責任感が強いという性格的傾向があると考えられる。

③ A は自由奔放で明るく, 活発で積極的という性格的傾向があると考えられる。

④ A の検査態度は非常に防衛的であったと考えられる。

⑤ A は生活において, 感情的になったり自己中心的な態度をとったりすることが予測される。

(オリジナル問題)

★ **ワンポイント解説**

TEG-Ⅲ の各尺度が意味する性格特徴を理解し, 被検者が生活においてどのような困難を抱えやすいかを予測しよう。

🔒 **キーワード**

質問紙法によるパーソナリティ検査 ▶P.100-101, 104-105
TEG-Ⅲ (東大式エゴグラム第三版) ▶P.100-101

解答・解説

答え ②

① ✕
➡ L尺度の得点が高いほど，検査への回答の妥当性が低い
と判断される。AのL尺度の得点は0点。(不適切)

② ○
➡ CP尺度は，得点が高いほど「義理堅さ」や「責任感の
強さ」といった性格的特徴を表すとされている。(適切)

③ ✕
➡ FC尺度は，得点が低いほど「気分が沈みがちである」「物
静かである」といった性格特徴を表すとされる。Aの
FC尺度の得点は0点であるが，③はFC尺度の得点が
高い場合の性格特徴を示している。(不適切)

④ ✕
➡ Q尺度は，得点が高いほど，検査に対する防衛的な態
度を表すとされる。AのQ尺度の得点は2点。(不適切)

⑤ ✕
➡ ③で確認したように，FC尺度の得点からAの性格特徴
は「気分が沈みがちであり物静かである」と考えられる。
よって，Aは生活において，活発な人付き合いや快活に
日々を過ごすことができないと予測される。(不適切)

TEG-IIIは実施が簡便な質問紙法
による検査であり，臨床現場で頻
繁に用いられます。

【 質問紙法によるパーソナリティ検査 】

　質問紙法とは，いくつかの質問項目に回答させることで回答者の内面的特徴を理解する方法である。この方法の長所は実施が簡便なことと，回答を数量化できるため統計的処理に基づく結果の解釈が可能なことである。短所は，社会的に望ましいと思われる回答を選ぼうとする「社会的望ましさ」が生じやすく，回答に歪みが生じやすい点が挙げられる。

　ここでは，質問紙によるパーソナリティ検査の代表的なものとして，TEG-Ⅲと MMPI について解説する。

① TEG-Ⅲ（東大式エゴグラム第三版）

　開発者は J. M. Dusay（デュセイ）。E. Berne（バーン）の交流分析を基盤とする。

　自我状態を親（Parent）・大人（Adult）・子ども（Child）の３つに分けて説明する。尺度は以下の７つである。

CP 尺度	高得点は，責任感が強い・義理堅い・支配的・頑固などの特徴を表す。（Critical Parent scale）
NP 尺度	高得点は，思いやりがある・世話好き・人を甘やかす・同情しすぎるなどの特徴を表す。（Nurturing Parent scale）
A 尺度	高得点は，冷静沈着・論理的・機械的・ユーモアに欠けるなどの特徴を表す。（Adult scale）
FC 尺度	高得点は，自由奔放で明るい・活発で積極的・自己中心的・感情的で我慢がきかないなどの特徴を表す。（Free Child scale）
AC 尺度	高得点は協調性がある・我慢強い・遠慮しがち・依存心が強いなどの特徴を表す。（Adapted Child scale）

L 尺度	誰にでもわかる質問項目に正答したかどうかを測定することによって，回答の信頼性を測る。L 尺度得点が高いほど，回答の信頼性は低くなる。
Q 尺度	どちらでもないと回答した質問項目の数によって，被験者の防衛的態度を測る。Q 尺度得点が高いほど，防衛的態度が高いといえる。

2 MMPI（ミネソタ多面式人格目録）

　開発者は S. R. Hathaway（ハサウェイ）と J. C. McKinley（マッキンレー）。以下のように，4 つの**妥当性尺度**と 10 の**臨床尺度**から構成され，550 項目の質問項目からなる。

妥当性尺度…検査の妥当性を評価する。

①？尺度（疑問尺度）…「どちらともいえない」と回答した項目の数を表す。

②L 尺度（虚偽尺度）…自分を好ましく見せようとする態度による反応の歪みを表す。

③F 尺度（頻度尺度）…ほとんどの正常な成人の間で一致する回答に対して，出現率の低い回答をした項目数を表す。

④K 尺度（修正尺度）…検査に対する防衛的な態度を表す。

臨床尺度…抑うつや心気症等，臨床的な特徴を評価する。

① Hs 尺度（心気症の程度）　② D 尺度（抑うつの程度）

③ Hy 尺度（ヒステリーの程度）

④ Pd 尺度（精神病質・反社会的行動の程度）

⑤ Mf 尺度（男性性・女性性の程度）

⑥ Pa 尺度（パラノイア・妄想の程度）

⑦ Pt 尺度（強迫性の程度）　⑧ Sc 尺度（統合失調症の程度）

⑨ Ma 尺度（躁の程度）　⑩ Si 尺度（社会的内向性の程度）

パーソナリティ検査② 査定

問 20歳の女性A，大学生。Aは大学のサークルの友人との衝突をきっかけに，人と話すことが怖くなった。人と話すとしどろもどろになり，人からどう思われているかを過剰に気にし，徐々に寝つきも悪くなっていった。Aが大学の学生相談室へ相談に行ったところ，不眠の症状があるためクリニックを受診することを勧められた。受診後，医師から公認心理師へ，Aへの質問紙法によるパーソナリティ検査の実施が依頼された。

このときに実施する検査として，最も適切なものを1つ選べ。

① AQ-J
② PFスタディ
③ MEDE
④ YGPI
⑤ WAIS-Ⅳ

(オリジナル問題)

★ ワンポイント解説

検査によって対象となる年齢や測定するものが異なるため，どの検査でどのようなものが測定できるかについて整理をしておく必要がある。

🔒 キーワード

質問紙法によるパーソナリティ検査 ▶P.100-101, 104-105
AQ-J ▶P.103, 109
YGPI ▶P.96, 104
WAIS-Ⅳ ▶P.103, 120

検査名は，正式名称と略称（アルファベット表記など）をあわせて覚えておきましょう。

解答・解説 　答え ④

① ×

医師から公認心理師へ，Aへの質問紙法によるパーソナリティ検査の実施が依頼された

➡ 🔒 AQ-J（AQ 日本語版自閉症スペクトラム指数）は，自閉症スペクトラム障害のスクリーニングに用いられる質問紙検査である。（不適切）

② ×

➡ PF スタディ（Picture Frustration Study）は，欲求不満状況に対する反応傾向によってパーソナリティを測定する，投影法による検査である。質問紙法による検査ではないため，誤り。（不適切）

③ ×

➡ MEDE（Multiphasic Early Dementia Examination：多面的初期認知症判定検査）は，認知症のスクリーニングに用いられる検査であるため，誤り。（不適切）

④ 〇

➡ 🔒 YGPI（Yatabe Guilford Personality Invetory： 矢田部ギルフォード性格検査）は，🔒 質問紙法によるパーソナリティ検査である。（適切）

⑤ ×

➡ 🔒 WAIS-Ⅳ（Wechsler Adult Intelligence Scale-Ⅳ：ウェクスラー成人知能検査）は，成人の知能指数を測定する検査であり，質問紙法によるパーソナリティ検査ではない。（不適切）

【質問紙法によるパーソナリティ検査】

　質問紙法によるパーソナリティ検査は，結果が**数値化**されること，実施が**簡便**であることから，心理学研究および臨床現場のどちらでも活用されている。検査の種類が豊富であるため，代表的な検査については知識を整理しておくとよい。ここでは，YGPI と NEO-PI-R の 2 つについて解説する。

■ YGPI：矢田部ギルフォード性格検査

　J. P. Guilford（ギルフォード）が作成したギルフォード性格検査をモデルとして，矢田部達郎らが開発した。12 特性で構成されている。各特性につき 10 問，合計 120 問の質問項目に「はい」「どちらともいえない」「いいえ」の**3 件法**で解答する。これらの結果をプロフィールに表し，その型によって以下の 5 つのタイプに分類することが可能である。

A型	性格特徴の平均さを表す型。 平均的で調和的な性格特徴と考えられる。また，特に目立った問題傾向が見られないという判断を下される型でもある。他のタイプより性格的特徴を見出しにくい傾向にある。
B型	情緒不安定さや活動的である傾向を表す型。 積極的で外向的な性格がよい方向に向けばリーダーシップを発揮するものの，不利な状況においては不安定になりやすい性格特徴と考えられる。
C型	消極性や情緒的に安定している傾向を表す型。 単調な作業であっても粘り強く取り組む根気強さがあるものの，内向的であり非活動的で，自己主張の乏しさがみられる性格特徴と考えられる。

D型	情緒的に安定しており，活動的で対人関係も良好な傾向を表す型。 気配り上手で，協調性をもって行動できる性格特徴と考えられる。全国平均で最も出現率の高い型である。
E型	情緒不安定で非活動的である傾向を表す型。 芸術的，技術的であり創作性に富んでいる傾向がある一方，心配性であり問題を抱えやすい性格特徴と考えられる。問題を抱えた場合には，自分の殻に閉じこもるため，問題解決が困難となる。

2 NEO-PI-R

P. T. Costa と R. R. McCrae によって開発された。人格を神経症傾向・外向性・開放性・調和性・誠実性の5因子に分類した人格類型論（Big Five）に基づいている。以下のように，各因子につき6つの下位尺度が設けられている。

因子	下位領域
神経症傾向	不安，敵意，抑うつ，自意識，衝動性，傷つきやすさ
外向性	温かさ，群居性，断行性，活動性，刺激希求性，よい感情
開放性	空想，審美性，感情，行為，アイディア，価値
調和性	信頼，実直さ，利他性，応諾，慎み深さ，優しさ
誠実性	コンピテンス，秩序，良心性，達成追求，自己鍛錬，慎重さ

適応行動のアセスメント 査定

問 18歳の男子高校生Ａ。Ａは幼少期からコミュニケーションが苦手で思っていることをうまく伝えられず，中学校では友人関係のトラブルを機に不登校になっていた。高校では友人ができ，勉強面や環境面での学校の協力もあってほとんど休まず学校に通っている。しかし，Ａの母親はＡが指示を受けないと行動できないことを気にしている。例えば，毎朝自力で起きられず母親に急かされて朝の支度をしていたり，休日は好きなゲームで１日中遊んでいて両親の指示が聞こえていないことが多々あったりする。高校卒業後は県外に就職して寮生活になる予定だが，Ａが親元を離れるのは初めてであり，自立して生活できるのか心配なので，Ａと両親は地元の心理相談室に来室した。

公認心理師がＡに実施するテストバッテリーに含める検査として，最も適切なものを１つ選べ。

① SDQ　　　② CAARS 日本語版
③ ASQ-3　　④ LDI-R
⑤ Vineland-Ⅱ

(オリジナル問題)

★ ワンポイント解説

Ａには発達障害の傾向もみられるが，求められているのは「適応行動（生活能力）」のアセスメントである。

🔒 キーワード

Vineland-Ⅱ ▶P.108
発達障害に関する検査 ▶P.109

Ａと両親が気にかけていること（来室の目的）を正しく捉えましょう。

答え ⑤

① ×

（Aが）自立して生活できるのか心配なので，Aと両親は地元の心理相談室に来室した

➡ SDQ（Strength and Difficulties Questionnaire）は，子どもの困難さや向社会性を測る検査であり，自立を測る項目は含まれない。（不適切）

② ×

➡ CAARS（Conners' Adult ADHD Rating Scales）日本語版は，18歳以上の成人ADHDの症状の重症度を測るための評価尺度である。（不適切）

③ ×

➡ ASQ-3（Ages and Stages Questionnaire, Third Edition）は，月齢1～66か月の乳幼児の発達の遅れをスクリーニングするための検査である。（不適切）

④ ×

➡ LDI-Rは，小学校1年生～中学校3年生の子どもの限局性学習症（SLD）の主な困難の領域である学習面の特徴を把握するための調査票である。設問文では学習面の困難さについての言及はない。（不適切）

⑤ ○

➡ 🔒 Vineland-Ⅱは，0歳0か月～92歳11か月の適応行動を測る尺度である。本事例のテーマであるAの自立した生活を測定するための「日常生活スキル領域」が質問項目に含まれている。（適切）

【日本版 Vineland-Ⅱ 適応行動尺度】

　米国の Vineland-Ⅱ を日本の生活習慣などに合わせて修正し標準化したもので，適応行動の発達水準を客観的に捉える。発達障害（知的障害を含む）の診断検査や認知検査とバッテリーを組むことが多い。4 つの適応行動領域と 1 つの不適応行動領域からなり，不適応行動領域は原則として回答者の許可を得てから実施する。運動スキル領域は 6 歳以下，コミュニケーション領域の「読み書き」は 3 歳以上を対象とする。

🔟　検査概要

対象年齢	0 歳 0 か月〜 92 歳 11 か月
実施方法	対象者をよく知る者（保護者や介護者など）への半構造化面接
目的	診断，教育的措置，個別支援計画の策定および支援経過評価など

②　領域と下位領域

領域	下位領域
コミュニケーション領域	①受容言語　②表出言語　③読み書き
日常生活スキル領域	①身辺自立　②家事　③地域生活
社会性領域	①対人関係　②遊びと余暇　③コーピングスキル
運動スキル領域	①粗大運動　②微細運動
不適応行動領域	①内在化問題　②外在化問題　③その他④不適応行動重要事項

【 発達障害に関する検査 】

1 ASD（自閉スペクトラム症）に関する検査

PEP-3	2〜12歳対象。領域別検査（個別検査・直接観察）と養育者レポート（聴取）による評価。
CARS2	2歳以上対象。直接観察と養育者からの聴取。
PARS-TR	3歳以上対象。養育者への半構造化面接。
ADI-R	精神年齢2歳以上対象。養育者への半構造化面接。
ADOS-2	月齢12か月以上対象。対人的課題に対する観察と面接。
AQ-J	16歳以上対象。知的障害を合併しない者に実施。自記式質問式。
M-CHAT	一般乳幼児対象。養育者が質問に回答する。
Vineland-Ⅱ	（→ P.108 参照）

2 ADHD に関する検査

ADHD-RS	5〜18歳対象。養育者または教師がADHDの行動傾向に関するチェックリストに回答する。
CAARS	18歳以上対象。本人用と家族用の質問紙。
Conners3	6〜18歳(本人用は8〜18歳)対象。本人用，保護者用，教師用の3種類。

3 LD（学習性障害）に関する検査

LDI-R	小学校1年生〜中学校3年生対象。対象者の指導者，専門家が質問紙に回答する。
STRAW-R	小学1年生〜高校3年生対象。音読と書取の正確性を測定し，発達性読み書き障害を診断評価する。

適応検査

発達検査

問 1歳8か月の男児A。Aの保護者は1歳半健診で言葉の遅れと視線の合いにくさ，他人に関心がないことの指摘を受け，市内の発達外来を受診した。医師の診察では，保護者からAの情報を聴取するとともに，行動観察を行った。診察中，Aは医師の方を見ることなく，診察室に置いてあるおもちゃでずっと遊んでいた。保護者からは，家でAが好きなおもちゃで夢中になって遊び，保護者の声かけに反応せず，指示も聞いていないことへの不安が語られた。また，同世代の子どもたちよりも，ハイハイや歩き始めなど運動面の発達が少し遅いことも気にかかっているという。

診察の後，公認心理師がAに直接実施するテストバッテリーに含める検査として，最も適切なものを1つ選べ。

① 日本版 K-ABC Ⅱ

② CAARS 日本語版

③ S-M 社会生活能力検査

④ 田中ビネー知能検査 Ⅴ

⑤ 新版 K 式発達検査　　　　　　　　（オリジナル問題）

★ ワンポイント解説

知能検査および発達検査の内容と対象年齢を確認した上で，Aの年齢と発達で気になる点を把握し，適切な検査を選ぶ。

🔒 キーワード

発達検査 ▶P.112-113
日本版 K-ABC Ⅱ ▶P.111,116
S-M 社会生活能力検査
　▶P.113
新版 K 式発達検査 ▶P.113

「1歳8か月」「言語と運動発達の遅れ」という情報に注目しましょう。

答え ⑤

① ×

1歳8か月の男児A

➡ 🔒 **日本版 K-ABC Ⅱ** は知能検査であり，対象年齢が2歳6か月〜18歳11か月であるため，Aは適用外。（不適切）

② ×

➡ CAARS は ADHD の診断のための検査であり，発達を捉える検査ではない。対象年齢は 18 歳以上。（不適切）

③ ×

・言葉の遅れと視線の合いにくさ，他人に関心がない
・運動面の発達が少し遅い

➡ S-M 社会生活能力検査は**日常生活の自立面**と**社会性**を測定する発達検査で，**養育者**が日常場面での様子を回答する間接検査である。本問の要点であるAの言語面や運動面を直接測定する検査ではない。（不適切）

④ ×

➡ 田中ビネー知能検査Ⅴは**知能検査**であり，2歳未満には実施しない。（不適切）

⑤ ○

➡ 🔒 **新版K式発達検査**は言語面と運動面の発達を直接測定できるため，実施するとよい。（適切）

【 発達検査 】

　発達検査とは，言語での理解・やり取りが十分にできない乳幼児を対象として，身体的側面，運動的側面，心理的側面，社会的側面など，発達初期の様相を総合的に測定する検査である。事例問題では発達検査が必出であり，種類や名称，対象年齢，方法をそれぞれ押さえておくことが重要である。

1　発達検査で使用される発達の指標

　多くの発達検査では，子どもの発達を捉える指標として，発達年齢や発達指数，発達プロフィールを作成している。

①発達年齢	検査時の対象児の発達が，標準的な発達ではどのくらいの年齢に相当するかを表したもの。DA（Developmental Age）ともいう。
②発達指数	発達年齢と生活年齢（Chronological Age: CA）を用いて算出し，標準値と比較して発達の度合いを数値的に捉えるもの。DQ（Developmental Quotient）ともいう。 $$発達指数（DQ）＝ \frac{発達年齢（DA）}{生活年齢（CA）} \times 100$$
③発達プロフィール	同年代の発達と比較し，苦手・得意な領域や今の発達の段階を分析するために，領域ごとの得点をプロットして折れ線グラフで表し，発達のバランス・特徴を視覚的に捉えるもの。

主な発達検査の対象年齢や検査方法を覚えましょう。

② 主な発達検査

①間接検査…質問紙などに対する養育者の回答をもとに子どもの発達を査定する。

津守式乳幼児精神発達診断法	・0〜7歳対象。 ・年齢別に3種類の質問紙を使用し，主たる養育者に質問する。運動，探索，社会，生活習慣，言語の5領域。
乳幼児発達スケール（KIDS）	・0歳1か月〜6歳11か月対象。 ・主たる養育者が発達状況を評価して質問紙に回答する。運動，操作，理解言語，表出言語，概念，対子ども社会性，対成人社会性，しつけ，食事の9領域。
S-M社会生活能力検査［第3版］	・乳幼児〜中学生対象。 ・養育者など対象児をよく知る者が質問紙（129項目）に回答する。身辺自立，移動，作業，コミュニケーション，集団参加，自己統制の6領域。

②直接検査…子ども自身の課題への反応や能力を観察して査定する。

遠城寺式乳幼児分析的発達診断検査	・0歳0か月〜4歳8か月対象。 ・専門家が実際に課題を提示し，子どもの様子を観察して評定を行う。移動運動，手の運動，基本的習慣，対人関係，発語，言語理解の6領域。 ・養育者が回答する質問紙式の検査（間接検査）として利用されることも多い。
新版K式発達検査	・0歳〜成人対象。 ・姿勢・運動，認知・適応，言語・社会の3領域。
デンバー発達判定法（DENVER Ⅱ）	・0〜6歳対象。 ・個人−社会，微細運動−適応，言語，粗大運動の4領域。

知能検査

問 4歳6か月の男児A，幼稚園児。幼稚園では，丸いものを好み，おもちゃの車のタイヤをずっと回し続けることに夢中になっている。他児と共有できない好みやこだわりがあり，幼稚園ではほとんど一人で過ごしている。幼稚園教諭から母親に，Aは指示が入らず，教室で他児と一緒に活動に参加できず困っていると連絡があった。母親はAの今後の発達をどう支援していくべきか悩み，心理相談室に来談した。インテーク面接で，Aは公認心理師に話しかけられても関心を向けることはなく，ずっとおもちゃで遊んでいた。

公認心理師がAの支援をするにあたって，保護者からのAに関する情報収集とAの行動観察に加え，Aに直接実施する心理検査として，最も適切なものを1つ選べ。

① WISC-Ⅳ ② DN-CAS

③ HDS-R ④ Vineland-Ⅱ

⑤ 田中ビネー知能検査Ⅴ (オリジナル問題)

★ ワンポイント解説

発達のアセスメントとして，乳幼児には運動機能を含む全体的な発達を捉える発達検査を，幼児～児童以上には知的発達を捉える知能検査を行うことが一般的である。

🔒 キーワード

WISC-Ⅳ ▶P.120

DN-CAS ▶P.117

HDS-R ▶P.124

Vineland-Ⅱ ▶P.108

田中ビネー知能検査（Ⅴ）
▶P.116

頻出の心理検査は，検査内容，適用年齢や実施方法まで確実に覚えておくとよいでしょう。

① ✕

4歳6か月の男児A

➡ 🔒 WISC-Ⅳは5歳0か月〜16歳11か月を対象とする知能検査である。(不適切)

② ✕

➡ 🔒 DN-CAS は，5歳0か月〜17歳11か月を対象として認知機能を測定する知能検査である。①同様，適用年齢外のため誤り。(不適切)

③ ✕

➡ 🔒 HDS-R（長谷川式認知症スケール）は認知症のスクリーニングを目的とした検査であり，主に認知症が疑われる高齢者を対象に実施される。(不適切)

④ ✕

Aに直接実施する心理検査として，最も適切なものを1つ選べ

➡ 🔒 Vineland-Ⅱは保護者などの対象者をよく知る成人に対して面接を行う間接検査であるため，設問に合わない。なお，Vineland-Ⅱは適応行動全般を検査する尺度であり，最近は発達障害のアセスメントとして用いられることが多い。適用年齢は0〜92歳。(不適切)

⑤ ◯

➡ 🔒 田中ビネー知能検査Ⅴは2歳〜成人を対象にした知能検査であり，直接検査である。設問文から，Aの支援方法を検討するため，Aの知的側面に関する発達状態を客観的に把握する必要性がうかがえることからも，本選択肢が適切。(適切)

【主な知能検査】

❶ 田中ビネー知能検査

A. Binet と T. Simon が開発したビネー式知能検査を基に，田中寛一が作成した。現在は**田中ビネー知能検査Ⅴ**（2005年改訂版）が，医療・教育・福祉領域等で広く使用されている。

田中ビネー知能検査は，知能を1つの統一体である**一般知能**として捉え，総合的な知能を測定することができる。適用年齢は2歳～成人で，検査の概要は以下のとおりである。

実施方法	2～13歳	生活年齢と同じ年齢級の問題から開始し，すべての問題に合格する年齢級から，すべての問題が不合格になる年齢級まで実施する。
	14歳以上	成人級の問題を全部行い，下の年齢級には下がらない。
結果分析	2～13歳	精神年齢を算出し，知能指数（IQ：精神年齢÷生活年齢×100）で表す。
	14歳以上	知能の発達速度が緩やかになるため，精神年齢は算出せず偏差知能指数（DIQ）を用いる。

❷ K-ABCⅡ

カウフマン夫妻（A. S. Kaufman & N. L. Kaufman）によって開発された。その後，**ルリア理論（カウフマンモデル）**と**キャッテル・ホーン・キャロル理論（CHC理論）**に基づき改訂された。現在は，日本版K-ABCⅡ（2013年改訂版）が用いられている。

適用年齢は2歳6か月～18歳11か月。対象者の認知処理過程と知識・技能の習得度の両方を評価し，対象者の得意

な認知処理機能を見出して教育や指導に活かすことを目的としている。検査は認知尺度（継次・同時・計画・学習）と習得尺度（語彙・読み・書き・算数）から構成されている。

❸ DN-CAS（DN-CAS 認知評価システム）

PASS 理論に基づいた，認知機能を測定する検査である。5歳0か月〜17歳11か月を対象とする。PASS 理論では，人の知能の認知処理過程には**プランニング・注意・継次処理・同時処理**の4つがあり，それぞれが相互的に関連すると考えられている。**発達障害者のアセスメントや支援に有効とされる。**

❹ ITPA（ITPA 言語学習能力診断検査）

3歳0か月〜9歳11か月を対象にした，人との**コミュニケーション**に必要な機能を測定する検査である。子どもの言語能力の得意な部分と苦手な部分を測定し，個人内差を把握することができるのが特徴である。

❺ レーヴン色彩マトリックス検査

失語症・認知症の検査として広く用いられている簡易知能検査。適用年齢は 45 歳以上である。欠如部分のある課題図形に合わせて適切な図形を選ぶという，言語を介さずに行える動作性の課題のみで構成されている。

❻ DAM（Draw a Man Test）

F. Goodenough により心理検査として初めて用いられた，**描画法**による**知能検査**である。二つ折りにした紙に「人」を描いてもらい，描画の部位に応じて採点し，**知的発達のアセスメント**を行う。女性像ではなく，男性像のみを採点対象とする。

ウェクスラー式知能検査 （査定）

問 8歳の男児A，小学2年生。Aは，乳幼児期は人見知りが激しく，どこへ行っても母親から離れようとしなかった。1歳半健診では保健師から言語面の遅れの指摘があったが，幼稚園でも家庭でも環境に慣れれば普通に過ごせていたため，母親は困っていなかった。幼稚園ではミニカーを並べて遊び，家では一人でゲームをすることを好んでいた。小学校への入学直後は母親に付き添われて登校し，学期末は毎日登校できていた。2年生になると，頭痛や腹痛を訴えるようになり，学校に行くことを嫌がり，夏休み以降は不登校になった。心配した母親と共に児童精神科を受診した。医師からのオーダーを受け，公認心理師がWISC-Ⅳ，DAMを実施した。WISC-Ⅳの結果は，FSIQ = 88，VCI=78，PRI=95，WMI=85，PSI = 95であった。

この検査結果の解釈として，適切なものを1つ選べ。

① 目で見たものから情報を捉えて，事務的に処理することは苦手である。

② 物事の本質を理解し，思考をまとめて伝えることは得意である。

③ 下位検査の項目得点がないため判断できない。

④ 全検査IQは「平均の下」である。

(オリジナル問題)

★ **ワンポイント解説**

ウェクスラー系検査は臨床場面でも一番使用頻度が高い検査であり，公認心理師試験に必出である。対象年齢と検査概要をしっかり覚えておこう。

🔒 **キーワード**

ウェクスラー式知能検査
▶P.120

WISC-Ⅳ ▶P.120-121

WPPSI-Ⅲ ▶P.120-121

WAIS-Ⅳ ▶P.120-121

答え ④

① ✕

➡ 「目で見たもの」（視覚刺激）の情報が含まれる課題に関する指標は知覚推理（PRI）と処理速度（PSI）であり，そのうち事務的処理が求められる課題がある処理速度が着目すべき指標となる。Aの処理速度の合成得点は95であり，同年代と比較をすれば平均的であるが，全検査IQ（FSIQ）や他の合成得点の指標と比較をすれば，Aの中では得意な領域であると考えられる。（不適切）

② ✕

➡ 「物事の本質を理解し，思考をまとめて伝えること」を測定している指標は言語理解（VCI）である。Aの言語理解は78で，4つの指標の中で一番得点が低いことから，Aの不得意領域である。（不適切）

③ ✕

➡ 下位検査の得点が分からない場合でも，5つの合成得点（全検査IQと4つの指標得点）の数値がわかっていれば，Aの知的発達について把握することは可能である。（不適切）

④ ◯

➡ 全検査IQ（FSIQ）が88は「平均の下」である。IQの値が90～109が「平均」であるのを基準として，平均よりも高ければ「平均の上」(110～119)，「高い」(120～129)，「非常に高い」(130以上) となり，平均よりも低ければ「平均の下」(80～89)，「境界域」(70～79)，「非常に低い」(69以下) の順となる。（適切）

【ウェクスラー式知能検査】

1 検査の概要

　ウェクスラー式知能検査は，1938 年に D. Wechsler（ウェクスラー）が開発したウェクスラー・ベルビュー検査から始まり，1949 年に児童向けの WISC（Wechsler Intelligence Scale for Children：ウィスク），1955 年に成人用の WAIS（Wechsler Adult Intelligence Scale：ウェイス），1967 年に幼児用の WPPSI（Wechsler Preschool and Primary Scale of Intelligence：ウィプシ）が開発された。

　現在は，日本版 WISC-Ⅳ（2010 年改訂），WPPSI-Ⅲ（2017 年改訂），WAIS-Ⅳ（2018 年改訂）の 3 種類が出版されている。それぞれの検査の概要は以下のとおりである。

WPPSI-Ⅲ	・幼児用（2歳6か月〜7歳3か月）。年齢によって基本検査数が異なる。 ・**2歳6か月〜3歳11か月**　4つの基本検査で全検査 IQ（FSIQ），言語理解（VCI），知覚推理（PRI）を算出。5検査で語彙総合得点（GLC）を算出。 ・**4歳0か月〜7歳3か月**　7つの基本検査でFSIQ, VCI, PRI を算出。10検査で処理速度（PSI）と GLC を算出。
WISC-Ⅳ	・児童用（5歳0か月〜16歳11か月）。 ・FSIQ と4つの合成得点指標（VCI，PRI，ワーキングメモリー〈WMI〉，PSI） ・15個の下位検査（基本検査10個，補助検査5個）
WAIS-Ⅳ	・成人用（16歳0か月〜90歳11か月）。 ・FSIQ と4つの合成得点指標（VCI, PRI, WMI, PSI） ・15個の下位検査（基本検査10個，補助検査5個）

　また，各指標の意味は次のとおりである。

言語理解 （VCI）	①言語概念形成（結晶性能力の一部） ②言語による推理力，思考力（流動性能力） ③言語による習得知識（結晶性能力の一部）
知覚推理 （PRI）	①非言語による推理力，思考力（流動性能力） ②空間認知　③視覚―運動協応
ワーキング メモリー （WMI）	①聴覚的ワーキングメモリー（作業中の一時的記 憶保持） ②注意，集中
処理速度 （PSI）	①視覚刺激を速く正確に処理する力（処理速度， プランニング） ②注意や動機づけの持続 ③視覚的短期記憶 ④筆記技能，視覚―運動協応

WPPSI-Ⅲ・WISC-Ⅳ・WAIS-Ⅳに共通の特徴

・合成得点間，下位検査得点間の差（ディスクレパンシー
比較），下位検査レベルでの強み（S）と弱み（W）の判
定，そして下位検査内の得点パターンの評価によるプロ
セス分析（WISC-Ⅳ，WAIS-Ⅳ）から個人内の能力のプ
ロフィールを把握。
・CHC 理論に準拠し，流動性知能（推理力），結晶性知能（経
験や教育により培う能力）が反映される下位検査で構成。

2　知能指数の計算

　ウェクスラー系検査の全般的な知的発達を捉える全検査
IQ(FSIQ)には偏差知能指数（DIQ）が導入されている。DIQ
の平均は 100，標準偏差は 15 となっている。

偏差知能指数（DIQ）の求め方

$$100 + 15 \times \frac{個人の得点－同年齢集団の平均得点}{同年齢集団の標準偏差}$$

認知症のアセスメント 査定

問 75歳の男性Ａ。Ａは妻と二人暮らしである。長男家族が車で10分程度の場所に住んでいる。Ａの妻から長男に，「最近，お父さんの物忘れがひどい。昨日は老人会の集まりから帰ってくるときに迷子になって，隣の息子さんが連れて来てくれた」と相談があった。そこで，長男がＡと一緒に，物忘れ外来を受診した。1年前に，Ａは，物忘れが多くなり心配だとして，自らこの物忘れ外来を受診しており，その時に行った長谷川式認知症スケール（HDS-R）は27点であった。

　この場合に，公認心理師が行う検査として，<u>不適切なものを1つ選べ。</u>

① ADAS-Jcog
② MMSE
③ HDS-R
④ MMPI
⑤ FAB

（オリジナル問題）

★ **ワンポイント解説**

認知症のアセスメントに用いられる代表的な心理検査について，整理しておきたい。

🔒 **キーワード**

認知症のアセスメントツール
▶P.124-125
長谷川式認知症スケール
（HDS-R）▶P.124
MMSE ▶P.124

Ａさんは，1年前よりもさらに物忘れが顕著になっているようです。

① ×

　1年前に，Aは，物忘れが多くなり心配だとして，自らこの物忘れ外来を受診しており，その時に行った長谷川式認知症スケール（HDS-R）は27点であった

➡ 1年前からの認知機能の低下についてアセスメントするために，認知機能の検査を行う必要がある。ADAS-Jcog（Alzheimer's Disease Assessment Scale 日本語版）は Alzheimer 型認知症の状態を評価する検査である。（適切）

② ×

➡ 🅰 MMSE（Mini-MentalState Examination）は，認知症のスクリーニングを目的とした検査である。（適切）

③ ×

➡ 🅰 HDS-R（長谷川式認知症スケール）は，認知症のスクリーニングを目的とした検査である。（適切）

④ ○

➡ MMPI（Minnesota Multiphasic Personality Inventory P.101 参照）はパーソナリティ検査であるため，この事例では適切ではない。（不適切）

⑤ ×

➡ FAB（Frontal Assessment Battery）は，前頭葉機能をスクリーニングするための検査である。前頭前野は老化に伴って最も早く機能低下が起こる部位の一つで，認知症の診断に用いられる。（適切）

【主要な認知症のアセスメントツール】

1 長谷川式認知症スケール（HDS-R）

長谷川式認知症スケール（Hasegawa's Dementia Scale-Revised: HDS-R）は，長谷川和夫によって開発された認知症の**スクリーニングテスト**である。全9項目からなり，30点満点で20点以下の場合に認知症を疑う。**言語性検査**のみで構成されており，質問項目は以下のとおりである。

問1	年齢	問2	日時の見当識
問3	場所の見当識	問4	3つの言葉の記銘
問5	計算（100から順に7を引く）		
問6	数字の逆唱		
問7	3つの言葉の遅延再生（問4で覚えた言葉の再生）		
問8	5つの物品記銘		
問9	野菜の名前（言葉の流暢性を見るための問題）		

2 MMSE（Mini-MentalState Examination）

M. F. Folstein らが開発した認知症の**スクリーニングテスト**である。全11項目からなり，30点満点で，23点以下で認知症を疑う。質問項目は以下のとおりで，HDS-Rにはない**運動性検査**が含まれているのが特徴である。

問1	日時等の見当識	問2	場所の見当識
問3	3つの言葉の記銘	問4	計算問題
問5	3つの言葉の遅延再生	問6	物品呼称
問7	復唱（文章を繰り返して言う）		
問8	口頭による3段階命令（紙を持つ，折る，渡す）		

問9 書字理解・指示（書いてある指示を読み，実行する）

問10 自発書字（何か文章を書いてもらう）

問11 図形描写（交差する2つの五角形を模写する）

3 その他の認知症のアセスメントツール

時計描画テスト （Clock Drawing Test: CDT）	「この紙に時計の絵を描いてください。数字も全部書き，10時10分の時刻を指すように針も描いてください」と教示し，描かれた絵を採点する。年齢や教育歴による影響を受けにくく，短時間で実施できる。
FAB（Frontal Assessment Battery）	前頭葉機能を簡単かつ短時間にスクリーニングするために，B. Dubois らが考案した検査。①概念化課題，②知的柔軟性課題，③行動プログラム課題，④反応の選択課題，⑤GO/NO-GO課題，⑥把握行動課題の6つの課題からなる。
COGNISTAT	見当識，注意，理解，判断，記憶，計算等，どの能力がどれだけ低下／維持しているかを評価できる検査である。結果を図式化し，障害の程度を視覚的に理解できる。
ADAS-Jcog （Alzheimer's Disease Assessment Scale 日本語版）	見当識，記憶，言語機能，行為・構成能力についてみる検査である。スクリーニング検査としてだけではなく，Alzheimer 病の経過をみるためにも利用される。70点満点で，得点が高いほど障害の程度が高いとされる。

それぞれ FAB（ファブ），
COGNISTAT（コグニスタット），
ADAS（エイダス）と読みます。

神経心理検査

問 68歳の女性A。Aは1か月前に脳梗塞で入院したが，現在は退院して自宅で療養生活を送っている。後遺症として左片麻痺と高次脳機能障害が認められるが，家族の支援などにより，自宅での生活ができている。Aはもともと料理が得意であったが，退院後は，計画を立てて効率よく料理を作ることができなくなった。

Aの障害とそれを査定する神経心理検査の組み合わせとして，適切なものを1つ選べ。

① 注意障害－ MMSE

② 注意障害－ WAIS

③ 注意障害－ HDS-R

④ 遂行機能障害－ BADS

⑤ 遂行機能障害－ WMS-R　　　　　　(オリジナル問題)

★ ワンポイント解説

神経心理検査については近年よく出題されている。それぞれの検査が何を評価することを目的としているか整理して覚えておこう。

🔒 キーワード

高次脳機能障害　▶P.128

神経心理検査　▶P.128-129

「料理を作る」という目標に向けて手順を踏んだ行動ができないので，遂行機能障害があると考えられます。

① ×

➡ Aのエピソードは注意障害ではなく**遂行機能障害**の例である。MMSEは**認知症**を評価するための検査。(不適切)

② ×

➡ 注意障害が誤り。また，WAISは**成人用ウェクスラー式知能検査**のことである。遂行機能障害の評価に特化した検査ではない。(不適切)

③ ×

➡ 注意障害が誤り。また，HDS-Rは**長谷川式認知症スケール**のことであり，認知症の評価のために使用される検査である。(不適切)

④ ○

➡ 遂行機能障害は正しい。また，BADSは**プランニング**や**計画の実行**といった遂行機能障害を評価するテストである。BADSは①規則変換カード検査，②行為計画検査，③鍵探し検査，④時間判断検査，⑤動物園地図検査，⑥修正6要素検査，⑦遂行機能障害の質問票から構成されている。(適切)

⑤ ×

➡ 遂行機能障害は適切であるが，WMS-Rは**ウェクスラー式記憶検査**であり，記憶の多様な側面を評価するテストである。(不適切)

【 高次脳機能障害 】

病気や事故などによって生じる，言語や思考，認知などの高次の脳機能障害のこと。主に以下のような種類がある。

注意障害	集中力が持続しなくなったり，ミスが多くなったり，２つの事柄を同時進行で実行することなどができなくなったりする。
記憶障害	ついさっきあったことを覚えていなかったり，以前あった出来事を思い出せなくなったりする。
遂行機能障害	ものごとを計画を立てて，順を追って実行することができなくなることなど。
失語症	話すことが困難になる，話を理解することが困難になるなど，会話に困難をきたす。ブローカ失語（運動性失語），ウェルニッケ失語（感覚性失語）が代表的。
失認	五感に関する認知の障害。視覚失認，聴覚失認，相貌失認などがある。視覚失認の場合，目の前にある対象を提示すると，見えているにもかかわらず，それが何かわからない。
失行	指示された行動や動作をやろうとしているにもかかわらず，それらの行動や動作ができないことなど。

【 神経心理検査 】

高次脳機能障害を評価するための検査。認知症，知能，記憶，前頭葉，遂行機能，言語機能などを評価する検査が含まれる。ここでは，主な神経心理検査を簡単に紹介する。

1　記憶検査
① WMS-R（ウェクスラー式記憶検査）

対象年齢は 16 ～ 74 歳。言語を使った問題と図形を使っ

た問題で構成されており，13 の下位検査がある。記憶のさまざまな側面を評価することができる。

②三宅式記銘力検査

　聴覚性言語の記憶検査。2 つの単語を対にした有関係対語（「海 – 船」など）と無関係対語（「海 – 窓」など）を提示し，ペアとなる対を想起させる。

③ベントン視覚記銘力検査

　対象年齢は 8 歳〜成人。視空間認知，視覚記銘力，視覚認知再構成などの側面を評価する。

２　前頭葉機能を評価する検査

① WCST（ウィスコンシンカード分類検査）

　対象者は成人。色・形・数の異なる 4 枚のカードの上に，ある分類に基づいてカードを分類する検査。

② TMT-J（トレイルメイキングテスト日本版）

　対象年齢は 20 〜 89 歳。紙面にランダムに配置された数字を 1 から順番につなげていく。注意，ワーキングメモリ，空間的探索，処理速度などを総合的に評価することができる。

③ストループテスト（P.50 参照）

　色名（「みどり」など）の書かれた文字を提示し，その文字の書かれたインクの色を読み上げる（「みどり」という文字が青色のインクで書かれていた場合は「青」と読み上げる）。インクの色を読み上げるまでの反応時間や誤回答数を計測する。

３　遂行機能を評価する検査

① BADS（遂行機能障害症候群の行動評価）

　プランニングや計画の実行といった遂行機能の行動評価法。24 点満点。

家族療法　

問　14歳の男子Ａ，中学２年生。Ａは３か月前から母親に対して自宅で暴力を振るうようになり，母親は地域の心理相談室へ来談した。家族療法を専門とする公認心理師Ｂは，あるセッションにおいて母親と以下のようなやりとりを行った。

母：Ａは，普段は大人しい子なのですが，私が学校の成績のことを話すと暴力を振るうのです。

Ｂ：その時の様子について詳しく教えていただけますか。

母：テストの成績が悪いときなどに，私が少し注意をすると，かっとなって怒るのです。私はそれほどうるさく言ってはおらず，平均的な成績を取ってもらいたいだけなのですが，近頃はいつも言い争いになってしまいます。

Ｂ：なるほど。Ａさんが暴力を振るう時には，ご自宅にはどなたがいらっしゃるのですか。

母：私とＡの二人だけです。主人は仕事でほとんど家にいないので。

Ｂ：それでは，お母さんとＡさんが，ご自宅で日頃どのような会話をして言い争いになっているのか，ここで簡単に再現していただけますか。

　　一連のやりとりにおいて，Ｂが用いた家族療法における技法として適切なものを１つ選べ。

　　① リフレーミング
　　② 家族造形法
　　③ エナクトメント
　　④ ジョイニング
　　⑤ ジェノグラム

（オリジナル問題）

解答・解説

答え ③

① ✕

➡ 設問中で，Aの暴力や母親の考え方について，公認心理師が異なる考え方をするよう促したり，新しい見方を提案したりする**リフレーミング**は見られない。（不適切）

・・

② ✕

➡ **家族造形法**とは，家族成員の一人が彫刻家に選ばれ，他の家族成員を粘土の塊と見立てて自分の中にある家族イメージを造形として表現する技法である。（不適切）

・・

③ ◯

ご自宅で日頃どのような会話をして言い争いになっているのか，ここで簡単に再現していただけますか

➡ **エナクトメント**の技法を活用している。（適切）

・・

④ ✕

➡ **ジョイニング**とは，カウンセラーが家族の言動の特徴を観察し，模倣をしたり相互作用上のルールに合わせたりする技法である。（不適切）

・・

⑤ ✕

➡ 設問中で，クライエントの家系図を作成する技法である**ジェノグラム**はみられない。（不適切）

【 家族療法の基盤となる考え方（システムズアプローチ）】

　家族療法は，クライエントが呈している問題行動・症状を個人の問題としてみなすのではなく，家族という**システム**の問題としてみなす**システムズアプローチ**に基づく心理療法である。そして，家族内の**資源**を最大限に引き出すことによって家族関係を変化させ，症状や問題行動を消去したり軽減したりすることを目指す。

　家族療法において，問題を呈している個人を IP（Identified Patient）と呼び，個人が問題の中核にあるのではなく，問題を呈している個人は家族内の関係性の**悪循環**の影響を請け負っている者と考える。

【 円環的因果律と直線的因果律 】

　家族療法においては，問題行動や不適応症状の発生の仕組みを**円環的因果律**に基づいて捉える。円環的因果律に対立する考え方として**直線的因果律**がある。

円環的因果律	家族療法における考え方。家族は相互に影響を及ぼし，循環・連鎖しているために個人の問題を1つの原因に帰属させて考えることはできないとする。
直線的因果律	精神分析的療法における考え方。心理的問題は個人内に何らかの原因が生じており，その結果，問題行動や不適応症状が生じるとする。

【 家族療法における技法 】

１ リフレーミング：reframing

　生じた出来事や事実は変えることなく，その**文脈や意味づ**

けを変化させ，**否定的**に意味づけられたものを**肯定的**な意味
づけへと変化させる技法。(例：「私は飽きっぽい」というコ
メントに対して，「知的好奇心が強いんですね」と言い換える。)

2　家族造形法

　家族の心理的距離間や情緒的な関係性を**物理的に可視化**す
る（例：粘土を使う，演技をする）ことによって，家族内で
生じている相互作用のパターンを明確にする技法。

3　エナクトメント：enactment（実演化）

　家族内で生じている**悪循環**を査定することを目的とした技
法であり，日常場面における家族のやりとりを治療者の前で
家族成員に**再現**してもらう。

4　ジョイニング：joining

　参入や仲間入りを意味する語であり，治療者が家族の独特
の文化に溶け込んでいくために，家族が使用する**言葉**や**表現**
といったコミュニケーションスタイルに合わせること。

5　ジェノグラム：genogram

　家族内で生じている問題を整理したり介入方法を立てたり
することを目的として，およそ三世代にわたる**家系図**を作成
し，家族の雰囲気や家族システムを理解する。主にアセスメ
ントに活用される技法。

（例）□で男性，○で女性を表記。黒い塗りつぶしは死亡を意味する。

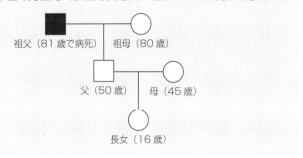

ナラティブセラピー 知識

問 21歳の女性Ａ，大学４年生。「最近イライラすることが多いので話を聞いてほしい」と大学内の学生相談室を訪れた。Ａは「私は何をしてもうまくできなくて，イライラする。家で母親と話していると，理由もないのに無性に腹立たしくなってくる。学校で友だちと一緒にいる時も，うまく話が合わせられないと，自分に対してイライラしてしまう。いつもこんな感じで過ごしているので，自己嫌悪になってしまい毎日が楽しくない」と話した。

Ａに対するナラティブセラピーの技法を用いた対応として，最も適切なものを１つ選べ。

①　青年期の心理的特徴を説明し，そのようにイライラするのは仕方がないことだと言って安心させる。

②　Ａのコミュニケーションのとり方に問題があるので，ソーシャルスキルトレーニングを実施する。

③　その「イライラ」はどんな時にＡの前に現れるのか，また，その「イライラ」によってＡはどんな苦しみを感じるのか詳しく聞く。

④　Ａの現在の状態は，Ａと母親との間の幼少期からの関係性の問題が原因であるため，Ａと母親とのこれまでの関係について掘り下げて聞いていく。

(オリジナル問題)

★ ワンポイント解説

ナラティブセラピーおよびその背景となる社会構成主義は公認心理師試験では頻出のテーマである。

🔒 キーワード

ナラティブセラピー
▶P.136-137

無知の姿勢　▶P.136-137

社会構成主義　▶P.136-137

① ×
➡ ナラティブセラピーの対応ではない。また、「イライラするのは仕方がないことだ」と答えることは、Aの悩みを受け止めていない対応であり、望ましくない。(不適切)

② ×
➡ ナラティブセラピーの対応ではない。また、Aの話からはAのコミュニケーションに問題があるかどうか判断できない。仮に今後ソーシャルスキルトレーニングを実施することになるとしても、その前にAの現状についてさらなる情報を得てから実施を検討する。(不適切)

③ ○
➡ ナラティブセラピーの技法「外在化」を用いた対応である。Aの話のテーマである「イライラ」を、Aの内部ではなく外部に存在するもののように表現することで、Aが自分自身について異なる視点で見つめ直すことを促している。(適切)

④ ×
➡ ナラティブセラピーの対応ではない。また、現時点でAの母子関係に問題があるのかどうか決めつけるのは性急な判断であると考えられる。(不適切)

> ナラティブセラピーの考え方については、しっかり押さえておきましょう。

【ナラティブセラピー：narrative therapy 】

社会構成主義を背景に持つ心理療法であり，クライエントとカウンセラーの対等な関係性を強調する（無知の姿勢）。

クライエント自身の人生についての語りは，本人の視点で集められた出来事や価値観などによって形成されている。このようなクライエントがもともと持っている自己の物語を**ドミナント・ストーリー**（dominant story）と呼ぶ。ナラティブセラピーでは，カウンセラーとの対話の中で，クライエントがこれまで思い出せなかった出来事や視点を得て，これまでのドミナント・ストーリーから新たな自己の物語である**オルタナティブ・ストーリー**（alternative story）へと書き換えることを目指す。

例えば，「いつも誰かの助けによって生きてきた主体性のない私」というドミナント・ストーリーを持ち自尊心が低かったクライエントが，カウンセラーとの対話を通して自己の経験を見つめ直し，「主体的に物事を進めてこられた私」というオルタナティブ・ストーリーへと自己の物語を再構築する。

【ナラティブセラピーのキーワード】

❶社会構成主義

さまざまな事柄は人の解釈として社会的に構成される（作られる）という考え方。例えば「障害」というものについて，病因があって何かの実在があるという考え方に対して，社会構成主義では「そのように障害を社会が規定しているだけ」と考える。

また，社会構成主義に関連して「言語が現実を規定する」ということもしばしば言われる。これは言語相対論という

考え方であり厳密には社会構成主義の必要条件ではないが，ナラティブセラピーにおいては重要な概念となっている。

❷無知の姿勢

　H. Anderson（アンダーソン）とH. Goolishian（グーリシャン）が提唱した概念。カウンセラーが専門知識に基づいてクライエントの経験や思考を解釈するのではなく，クライエントに対してカウンセラーは無知であり，学ぶ立場としてクライエントを理解していく姿勢。

【 ナラティブセラピーの手順 】

1　クライエントの自己物語を聞く

　無知の姿勢でクライエントの話を聞き，クライエントが現在持っている「ドミナント・ストーリー」を理解する。

2　問題の外在化を行う

　クライエントの話の中で現在問題となっていることに名前をつけ（「怒り」「怒りさん」「イライラ虫」など），それについて詳細に聞いていく。そして，その問題がクライエントの内部ではなく外部に存在するかのように尋ねていく。

【外在化の質問の例】

「その『怒り』があなたに起こったのはいつからですか」
「そのイライラ虫は，あなたをどんな風に苦しめてきたのですか」

3　オルタナティブ・ストーリーへの書き換え

　問題の外在化を行う中で，クライエントは，これまでのドミナント・ストーリーを異なる視点で見ることが可能になり，新たな自己物語（オルタナティブ・ストーリー）へと書き換えることができる。

喪失体験への心理的支援 対応

問 37歳の女性Ａ。25歳の頃に，何の誘因もなくバスの中でパニック発作が出現し，以後予期不安のために両親に援助されながら生活していた。3年前に父親を事故で突然亡くし，頭痛などの身体症状や不眠，気力低下が憎悪したため，精神科を受診し，薬物療法によって症状が改善した。しかし，父親の死去後しばらくして，母親のがんが明らかとなり，怒り，抑うつ，自責などのさまざまな症状を呈するようになった。昨年母親を亡くして以後は，故人や別居している兄弟の声や気配を感じるなどの幻覚がみられるようになり，Ａの状態を案じた兄弟に連れられ精神科を受診後，公認心理師を紹介された。

このとき，Ａへの支援として最も適切なものを1つ選べ。

① Ａを励ますために，カウンセリングを通じて回復した担当事例を紹介する。

② Ａが訴える幻覚に関して，それが幻覚であることを伝え，自覚を促す。

③ Ａが示す症状を否定せずに傾聴し，その意味を共に探ることを目標とする。

④ Ａの怒りや罪悪感については，症状憎悪の要因となりやすいため，心理的支援の中で扱うことを避ける。

⑤ Ａを安心させるために，Ａの考えていることは理解できる旨を伝える。 (オリジナル問題)

★ **ワンポイント解説**

悲嘆反応に対する心理的支援としては，喪失体験の意味を見出す援助をすることが重要である。

🔒 **キーワード**

悲嘆反応 ▶P.140
複雑性悲嘆 ▶P.141

答え ③

① ×

➡ 喪失体験はそれぞれの遺族に固有のものであり，同様の体験を別の遺族がしているとは限らない。（不適切）

② ×

➡ 症状の不合理性を示す場合は，クライエントの精神状態が支援者に了解されることが必要。まずは傾聴などを通じて，その意味を共に探る姿勢が重要である。（不適切）

> 【了解：comprehension】
> K. Jaspers（ヤスパース）による概念。クライエントの心的状態を主観的・心理的な側面から理解すること。

③ ○

➡ クライエントが喪失を現実のものと認識し，喪失体験の意味を見出すための援助を行うことが重要である。（適切）

④ ×

➡ 「Aの怒りや罪悪感」が他の症状発症や不適応行動の増加を引き起こすおそれもあるため，まずはAがこれらの感情を認識することが重要となる。（不適切）

⑤ ×

➡ 安易に同調するような言葉がけは，かえってAの不信感を招き，新たな傷つきが生じかねない。（不適切）

喪失体験への心理的支援

【 悲嘆：grief と悲嘆反応 】

悲嘆とは，死別をはじめとするさまざまな喪失を要因として生じる個人的な経験である。悲嘆は誰しもが経験し得るものであり，6か月程度で悲嘆から回復し社会生活を円滑に送ることができる「正常な悲嘆」と，それから質的・量的に逸脱する「病的な悲嘆」に分けて捉えることが一般的である。

病的な悲嘆の要因はさまざまであるが，例として近親者やペットとの死別，離婚・別離，病気，転校などが挙げられる。

また，悲嘆反応とは，さまざまな悲嘆を通じて生じる心理的・身体的・行動的な反応の総称である。例えば，心理的反応としては，不安・抑うつ・怒り・自責感・自尊心の低下など，身体的反応としては，疲労感・食欲低下・睡眠障害・消化器症状などが挙げられる。

【 悲嘆反応の経過と心理的支援 】

悲嘆反応に至るまでの過程についてはさまざまな理論・モデルが存在するが，ここでは特に心理的過程に関する代表的なモデルを紹介する。

S. Frued（フロイト）は，喪失体験に対する心の整理を指す「喪の作業」という概念を提唱した。その後，J. Bowlby（ボウルビィ）は，特に死別による悲嘆反応の経過について，次のような4段階モデルを提唱した。

第1段階（無感覚・麻痺）	呆然自失→感情の麻痺・虚無感
第2段階（否認・抗議）	喪失を否認→探索行動・対象が存在するかのように振る舞う
第3段階（失意・絶望）	現実を認識→抑うつ・引きこもり

| 第4段階（離脱・再建） | 喪失を受容→生きがい・社会的役割の再発見 |

また，E. Kübler-Ross（キューブラー＝ロス）は「**死の受容**」に関する5段階モデルを提唱している。

第1段階（否認）	事実を認めようとせず，"死"を疑う
第2段階（怒り）	「なぜ自分なのか？」という怒りを支援者や家族に向ける
第3段階（取り引き）	「より良い行いをすること」などと引き換えに，神などとの交渉を行う
第4段階（抑うつ）	事実から逃れられないと認識し，大きな喪失感から抑うつ的になる
第5段階（受容）	「感情がほとんど欠落した状態」となり，不安や恐れが消失する

このような悲嘆に対する心理的支援は**グリーフケア**（grief care）とも呼ばれ，一般的には「話を**遮らない**」「自分の体験を**強要しない**」「感情をそのまま**受け入れる**」「安易な**同調はしない**」といった対応が支援者に求められる。また，悲嘆による否定的な情動状態の短期的な改善を目的として，**認知行動療法**を用いる場合もある。

【 複雑性悲嘆：complicated grief 】

複雑性悲嘆とは，その文化において通常予期される範囲よりも，悲嘆に関連する症状の**強度**と**持続時間**（6～12か月以上）が過度であり，それによって**日常生活**に支障をきたしている状態を指す。DSM-5では「持続性複雑性死別障害」として，今後検討すべき病態として示されている。

認知行動療法(パニック症) 知識

問 28歳の女性A。バスで通勤中，突然，激しい動悸と息苦しさに襲われ，強い不安を感じた。途中のバス停で降りてしばらく休んでいたら，落ち着いたので，その日は会社を欠勤し帰宅した。その後，繰り返し同じ発作に見舞われ，また発作が起こるのではと不安が強くなった。バスに乗るのが怖くなり，家族に車で送ってもらわないと出勤できなくなった。やがて外出することも困難となったため，医師の紹介で相談室を訪れた。

Aに対する認知行動療法として，最も適切なものを1つ選べ。

① イメージは用いず，現実的な状況を段階的に経験させる。

② 不安な気持ちに共感し，安全な行動をとるようにさせる。

③ 一人での練習は危険を伴うため，ホームワークは用いない。

④ 発作の前兆である身体症状を意図的に作り出し，経験させる。

⑤ より機能的な考え方に修正できるよう，リラクセーション法は用いない。 (2018年追試 問60)

★ **ワンポイント解説**

エクスポージャーの具体的な技法に関する知識を問う問題である。

🔒 **キーワード**

パニック症 ▶P.144
広場恐怖症 ▶P.144
エクスポージャー ▶P.145

> 認知行動療法の各技法については，詳しく知っておく必要があります。

① ✕

突然，激しい動悸と息苦しさに襲われ，強い不安を感じた

➡ 🔓 広場恐怖症を伴う 🔒 パニック症に対する認知行動療法では，現実場面の 🔒 エクスポージャーだけでなく，イメージを用いたエクスポージャーも実施する。(不適切)

② ✕

➡ 安全行動は症状を維持させる要因の一つである。安全行動をやめて，不安場面に直面することを促し，症状の改善を図る。(不適切)

③ ✕

➡ 最終的に，自身で不安場面をコントロールできるようになることを目的とする。ホームワークは，不安場面でセルフ・コントロールを高める重要な機会である。(不適切)

④ ○

発作の前兆である身体症状を意図的に作り出し，経験させる

➡ 患者は，発作の前兆となる身体症状について，それが死につながるなどというように破局的に解釈している。そのような身体症状に曝露し，否定的な認知の改善を図る。(適切)

⑤ ✕

➡ パニック発作時の対処法としてリラクセーション法を用いる。ただし，リラクセーション法が安全行動にならないように留意する。(不適切)

認知行動療法

【不安症】

　不安症とは，**過剰な恐怖・不安**と，それに関連する回避・逃避行動を特徴とする障害によって構成される障害群である。代表的なものとして，**パニック症，広場恐怖症，全般不安症，社交不安症**などがある。ここでは，パニック症と広場恐怖症について解説する。

１　パニック症

　予期しない状況で強い**不安感**とともに心悸亢進，発汗，身震い，窒息感，めまい感，死ぬことに対する恐怖感等の**身体的症状や認知的症状**が出現するパニック発作を主症状とする。パニック発作が２回以上経験された場合にパニック症と診断され得る。

　パニック症と**広場恐怖症**は併存しやすく，双方の症状への介入が必要となる。

２　広場恐怖症

　多様な状況に実際に曝露されること，あるいはそれが**予期**されることがきっかけで起こされる，著明な**恐怖または不安**である。例えば，バスや電車などの公共交通機関，映画館，人ごみ，市場などに対して強い不安を感じる。不安場面を積極的に回避し，家族やパートナーのような仲間の助けを必要とする。

【不安症に対する心理療法】

　認知行動療法はエビデンス・ベースト・アプローチであり，不安症やうつ病の治療としてその有効性が確認されている。

行動実験やエクスポージャーなどの技法が含まれる。

❶ 行動実験

　患者が恐怖を抱く状況に直面したときに予測されること
が，実際に考えどおりの結果になるかどうかを実験的に検証
する方法である。パニック症や広場恐怖症，社交不安症など
の介入法として有用である。

　パニック症患者は，パニック発作が生じ得る場面において，
過度に否定的な認知が働く。回避行動や安全行動をせずに，
実際にその不安場面に直面し，考えどおりの破局的な結果に
なるかどうかを検証していく。

❷ エクスポージャー：exposure

　不安場面を繰り返し経験（曝露）し，不安に慣れていく（馴
化させていく）方法である。現実場面だけでなく，イメージ
によるエクスポージャーの方法もある。一般的には，不安階
層表を作成し，不安が低い場面または中程度の不安場面から，
系統的に曝露を行っていく。不安症の介入法として有用であ
る。

内部感覚エクスポージャー：interoceptive exposure

　発作の前兆である身体症状を意図的に作り出し，その感
覚に繰り返し曝露することで，症状を消去する技法。
（例）広場恐怖を伴うパニック症のクライエントに意図的に
過呼吸を起こし，その身体感覚の嫌な感じに慣れていく練
習を行う。

問　22歳の男性A，大学生。Aは大学1年生の秋頃に，友人宅を出る際，ガスコンロに接触した感覚を覚え「ガスのスイッチを押したかもしれない。自分のせいで火事になる」という考えが浮かび，確認しに戻った。それをきっかけに，自宅や友人宅で火元を確認する頻度が増えた。さらに，大学2年生の冬頃，コンビニでアルバイトをしているときに「手を清潔に保たないと，客を病気にさせてしまう」という不安が生じ，1か月で辞めた。その後さらに症状が重くなり，大学も中退した。精神科を受診し，選択的セロトニン再取り込み阻害薬（SSRI）による薬物治療を行ったが，症状が中等度以下にならず，社会生活も改善しなかったため，主治医から公認心理師に紹介された。

　このとき，Aに対する治療法として適切なものを<u>2つ</u>選べ。

①　曝露反応妨害法

②　自律訓練法

③　力動的心理療法

④　非定型抗精神病薬

⑤　ベンゾジアゼピン系抗不安薬　　　（オリジナル問題）

★ **ワンポイント解説**

強迫性障害に対して有効とされている治療法を正確に把握していることが求められる。

🔒 **キーワード**

強迫性障害　▶P.148

曝露反応妨害法　▶P.148-149

Aさんは加害恐怖を有する強迫性障害の患者であると考えられます。

答え ①, ④

① ○

➡ 🔒 **強迫性障害**に対しては, 🔒 **曝露反応妨害法**を用いた認知行動療法と薬物療法が最も効果的であるとされている。また, **行動実験**についても, 強迫性障害に対する認知的介入として有効性が指摘されている。(適切)

....

② ×

➡ 自律訓練法は, 心身症や神経症に対しては心身の安定や自己客観視の向上などが促進されるため適切であるが, 強迫性障害・解離性障害などにおいては症状憎悪の危険性があるため禁忌とされている。(不適切)

....

③ ×

➡ 強迫性障害に対する**力動的心理療法**の効果についてはエビデンスが示されておらず, 第一義的な選択とはなり得ない。(不適切)

....

④ ○

➡ 強迫性障害に対する薬物療法において, SSRIによって十分な症状改善がみられない場合には, **非定型抗精神病薬**を付加投与することがある。(適切)

....

⑤ ×

➡ ベンゾジアゼピン系抗不安薬は, パニック障害, 全般性不安障害, 社交不安障害では有効性が示されているが, 強迫性障害, 心的外傷後ストレス障害 (PTSD) では有効性が明らかではない。(不適切)

認知行動療法

関連知識

【 強迫性障害：Obsessive-Compulsive Disorder: OCD 】

　強迫性障害は，意思とは無関係に繰り返し頭に浮かび不快感を生じさせる**強迫観念**と，強迫観念を振り払うために繰り返し行われる**強迫行為**からなる。

　松永（2012）によると，日本人では**汚染恐怖・洗浄強迫**（例：菌に対する恐怖から毎日9時間かけて手を洗う）が最も多く見受けられ，その他にも**加害恐怖，確認・儀式行為**（例：必ず右足から家を出る），**物の配置・対称性へのこだわり**（例：物が決まった場所にないと強い不安を感じる），**数字へのこだわり**（例：「4」「9」などの数字に強い不安を感じる）などが症状として確認されている。

　日本における強迫性障害の有病率は，欧米と同様に1〜2%程度であるとされている。また，原因や発症に関わる特異的な要因は，現在まで特定されていない。しかし，対人関係や仕事上のストレス，妊娠・出産などの**ライフイベント**が発症契機となり，これらと脳内セロトニン系の異常などを含む何らかの**神経生物学的**，あるいは**心理的要因**との相互作用を介し，発症に至るものと考えられている。

【 強迫性障害に対する治療 】

　曝露反応妨害法を用いた**認知行動療法**と**薬物療法**が，最も効果の高い治療法とされている。

■ 曝露反応妨害法

　対象者における**脅威的状況**に**直面化**させ，それに対する**逃避的行動**を取らせない技法。不安や恐怖を抱いている状況や場所などに接しつつ（曝露），それらからの回避行動や脅迫

行為をしない（**反応妨害**）ことによって，「回避行動をしなくても不安や恐怖が生じない」「不安や恐怖が生じても，時間が経てば慣れてきて，特に問題ないと気づく（**馴化**）」ことを体験する方法といえる。

　なお，曝露状況に対する不安が非常に強い場合，曝露反応妨害法に**治療抵抗**を示す場合も多い。このような場合には，対象者の不合理な信念の妥当性を，実験的手法によって検証する**行動実験**を先に実施することで，脅威的状況に曝露することなく，強迫観念の妥当性を変容させることを試みることがある。

❷　薬物療法

　強迫性障害に対する薬物療法として，第一選択薬として**選択的セロトニン再取り込み阻害薬（SSRI）**が一般的に用いられる。しかし，中等度以上の改善を示すものの割合は50％程度とされ，SSRIの十分量，十分期間の投与に対して反応性が乏しい場合も少なくない。そのような場合には（保険適用外とはなるが）**非定型抗精神病薬**の少量併用を試みることがある。これは，強迫性障害の原因の一つとしてドパミン神経調整機構の関与が示唆されており，非定型抗精神病薬がドパミン阻害作用を有していることに起因する。

　したがって，強迫性障害においては，**Y-BOCS**（Yale-Brown Obsessive-Compulsive Scale）などを用いつつ適切にアセスメントを実施し，**心理教育**を実施の上で，薬物療法と認知行動療法を併用しながら治療を進めることとなる。

心身症

問 40歳の女性Ａ，専業主婦。真面目で緊張しやすい性格である。1年前より看護専門学校に通い始め，多忙な生活を送っている。実習での要領の悪さや他学生との年齢差に伴う孤立感から，学校に対してストレスを感じていた。7か月前頃から食後に悪心・嘔気が続き，嘔吐することもあった。嘔吐に対する恐怖から食事を避けるようになり，次第に食欲が低下。食後に「腸がモコモコ動く」と夫に訴え，軟便が出ることがよくあった。夫に連れられて消化器内科を受診したが，器質的な異常は認められなかったため，心療内科を受診し，公認心理師を紹介された。

このとき，公認心理師が行う初期対応・提案として，最も適切なものを1つ選べ。

① 症状が治まるまで専門学校を休学し，しばらくは自宅にて安静に過ごすようにする。

② どのような状況で症状がみられるかを記録してもらう。

③ 専門学校で学生と適切にコミュニケーションをとることができるよう，個人SSTを実施する。

④ 夫から暴力を受けている可能性を考慮し，保健所へ通報する。

⑤ 定期的に抗うつ薬または抗不安薬を服用し，症状を緩和させる。

(オリジナル問題)

★ **ワンポイント解説**

事例の内容によっては，1つの疾患等に特定できない場合がある。

🔒 **キーワード**

心身症 ▶P.152-153
機能性ディスペプシア
▶P.153

① ✕

➡ 症状がひどい場合には，休むことを勧めることもあるが，現時点の情報だけではその判断は難しい。また，休学・安静が適切な場合，それを指示するのは医師である。

② ○

➡ 設問文からはうつ病や  機能性ディスペプシアなどの複数の診断が想定される。したがって，初期の段階では症状または問題の維持要因を明確にする目的で，支援方策立案のために情報収集することが必要である。（適切）

③ ✕

➡ まずは症状または問題の維持要因の明確化が必要。初期段階でのSST導入は，早計な判断といえる。（不適切）

④ ✕

➡ 設問文から各種虐待に該当する状況は読み取れないため，性急な判断といえる。また，DV防止法では，通報先は配偶者暴力相談支援センターまたは警察官となっている。（不適切）

⑤ ✕

➡ 服薬の是非を決定するのは医師であるため，公認心理師の職務範囲を超越した対応である。また，設問文の内容は，「うつ病」または「不安障害」と診断するには情報が不足している。（不適切）

認知行動療法

【 心身症：psychosomatic disorders 】

心身症は，身体疾患の中で，その発症や経過に心理社会的要因が関係し，器質的(機能的)障害が認められる病態を指す。

心身症として考えられる疾患は非常に多様であり，気管支喘息，本態性高血圧，胃・十二指腸潰瘍，過敏性腸症候群，糖尿病，アトピー性皮膚炎，突発性難聴，肥満症，片頭痛などが挙げられる。

なお，心身症と混同されやすい疾患として**身体症状症**がある。**身体症状症**は，さまざまな苦痛を伴う身体症状が長期に持続し，検査を適切に実施しても，それを医学的に説明できるような異常が認められない精神疾患である。心身症では身体疾患の診断が確定している（すなわち，身体における何らかの症状が見受けられる）が，身体症状症では身体に病理学的所見がなく，疾患に対する強い不安をクライエントが示す場合が多い点が異なっている。

【 心身症に対する支援 】

１ 身体面に対するアプローチ

心身症は**生活習慣**とも大きく関係していることから，生活習慣の改善を目的として**生活指導**を実施する場合もある。

２ 心理面に対するアプローチ

リラクセーション法や認知行動療法をはじめとする心理療法が挙げられる。

リラクセーション法	クライエント自身の力によって生体機能調節系に働きかけ，心身の緊張を取り除き，自らの状態を調えること。漸進的筋弛緩法や自律訓練法などがある。 （例）顎関節症に対しては，ストレスマネジメント，認知再構成法，リラクセーションなどの技法が共通して含まれており，長期的な痛み症状の改善効果がある。
認知行動療法	状況や動作に対する回避行動を減少させるためのエクスポージャーや，認知の変容を目的とする認知再構成法を用いることが多い。認知行動療法の導入においては，リラクセーションや生活習慣の是正によって症状改善が見込まれない場合に，機能分析など多面的にアセスメントを実施し，症状や問題の維持要因を明確化する。

また，症状の背景として不安や緊張といった心理的要因が考えられる場合は，抗不安薬，抗うつ薬などの向精神薬が用いられることもある。

【参考】機能性ディスペプシア：functional dyspepsia

病状の原因となる器質的疾患がなく，食後のもたれ感や早期飽満感（食事途中で満腹に感じ，十分な量を食べることが困難），心窩部（みぞおち）の痛みなどを慢性的に訴える疾患。過敏性腸症候群と並ぶ代表的な心身症である。日本における有病率は，15％前後と推定される。また，生命には影響を及ぼさないが，生活の質（QOL）に大きな影響を及ぼすことから，適切に支援を行う必要がある。

摂食障害への心理的支援 対応

問 13歳の女児A。Aはかなりの小食で極端に痩せており，摂食障害と診断され，公認心理師Bが勤務する病院への入院が決まった。入院当初，Aは身長135cm体重20kgで，明らかな低身長と低体重であった。主治医の指示によりBはAのカウンセリングを開始した。2週間後，Aは点滴を受けて徐々に体重が増加していたが，Bに「体重が増えていくことが怖い」と訴えた。Aは泣きじゃくり，「毎日点滴を打つのが怖い。点滴をやめたい」「こんなことを打ち明けられるのはBさんだけ」と言い，Bから点滴を止めるよう主治医や看護師に伝えてほしいと懇願した。

　このとき，Bがとるべき対応として適切なものを<u>2つ</u>選べ。

① Aが本心を打ち明けたことは大きな進展であるため，Aの要望を承諾し，Bの判断で点滴治療を止める。

② Aの不安を受け入れた上で，治療についてはBの一存で決められないと伝え，主治医に報告し指示を仰ぐ。

③ 点滴をやめたいという訴えは，Aの自殺のリスクが高まっているサインであるため，すぐに家族へ連絡する。

④ 点滴をやめたいなどと言っていると回復は見込めないと強く伝え，点滴治療をやめないようAを説得する。

⑤ 体重増加への恐怖心がAの問題の中核であることを共有し，そのような恐怖心を抱くに至った経緯や心情についてAと話し合う。　　　　（オリジナル問題）

★ ワンポイント解説

摂食障害の病態や治療法について理解した上で，治療者としてどのような対応をとるべきかを判断する。

🔒 キーワード

摂食障害 ▶P.156-157
入院治療（摂食障害）▶P.157

解答・解説

答え ②, ⑤

① ✕
➡ 点滴治療の中断は医師の判断によるものであり，公認心理師が判断できるものではない。（不適切）

. . . .

② ◯
➡ クライエントに主治医がある場合は，主治医の治療方針と公認心理師による支援行為との齟齬を避けるため，主治医の指示を仰ぐ必要がある（公認心理師法第42条第2項）。（適切）

. . . .

③ ✕
➡ 「点滴をやめたい」という訴えは体重増加への不安の表れと考えられる。また，明確に自殺をほのめかす言動は見られず，自殺のリスクが高まっているとはいい難い。現状では，Aに許可なく家族に連絡することは，カウンセリングにおける守秘義務に違反するおそれがある。（不適切）

. . . .

④ ✕
➡ Aに対する点滴治療の強要やAの考えを否定することは，治療意欲を高めるどころか，治療への抵抗感を強める行いにほかならない。（不適切）

. . . .

⑤ ◯
➡ 「体重が増えていくことが怖い」という訴えは，🔒 摂食障害における心理的特徴の一つである歪んだボディ・イメージの表れであり，摂食障害の中核症状であると考えられる。（適切）

【 摂食障害の分類 】

摂食障害は，DSM-5 に「食行動障害および摂食障害群」として記載されており，①神経性無食欲症／神経性やせ症，②神経性過食症／神経性大食症，③過食性障害に大別される。

■ 神経性無食欲症／神経性やせ症

極端に痩せているにもかかわらず，さらに痩せたいという願望を抱いている点から**ボディ・イメージ**における障害，体重増加に対する強い恐怖が存在する。「**痩せの否認**」「**空腹の否認**」「**疲労の否認**」という3つの否認があるため，病態の深刻さに対する認識の欠如，体重増加を妨げる行動がみられる。

DSM-5 では，神経性無食欲症の重症度を BMI（Body Mass Index）を用いて判断する。

重症度	BMI
軽症	$\geq 17kg/m^2$
中等度	$16 \sim 16.99kg/m^2$
重度	$15 \sim 15.99kg/m^2$
最重度	$< 15 \ kg/m^2$

ただし，日本人は日本人の体重に合わせた**平田法**による基準を用いることが推奨されている。

■ 神経性過食症／神経性大食症

以下の2点が，平均して3か月間にわたって，少なくとも週1回生じる。
①短時間の間に大量の食物を食べる過食エピソードと反復
②嘔吐や下剤等の使用といった代償行動

また，自己評価は，体型や体重に大きく影響を受けている。

3　過食性障害

代償行動を伴わない過食エピソードが，平均して3か月間にわたって少なくとも週1回生じる。過食エピソードは，空腹を感じていないにもかかわらず食べてしまうこと，苦痛を感じるまで食べること，抑うつ気分，自己嫌悪と関連があると考えられる。

【 摂食障害の治療法 】

摂食障害の死亡率は6～20％で，他の精神疾患よりも高いことで知られている。主な死因は**内科的合併症，飢餓**などである。摂食障害の治療においては，栄養および心身の状態によって適切な治療法が異なる。

入院治療	入院治療では栄養指導および栄養療法が行われる。①全身衰弱（起立・階段昇降が困難），②重篤な合併症（低血糖昏睡，感染症等），③標準体重の55％以下の痩せ，の場合に入院による治療が行われる。
精神医学的治療	SSRIなどの抗うつ薬などによる薬物療法について，過食や嘔吐に対する有効性が示されている。①強いうつや不安が認められる，②自傷行為を繰り返す，③自殺願望を有する，④情緒不安定の程度がはなはだしい，⑤万引きや性的逸脱などを繰り返す，といった症状が当てはまる場合に，薬物療法などの精神医学的治療が有効であると考えられている。
心理療法	体重が標準体重の70～75％程度に回復した後も，対人関係の問題などが持続する場合，対人スキルトレーニングや認知の偏りの是正などを行う。具体的な心理療法として，認知行動療法や対人関係療法などが考えられる。

多理論統合モデル 知識

問 30歳の男性A，自営業。Aは独身で一人暮らし。仕事のストレスから暴飲暴食をすることが多く，最近体重が増えた。このままではいけないと薄々感じていたAは，中断していたジム通いを半年以内に再開するべきかどうかを迷っていた。その折，Aは健康診断で肥満の指摘を受けた。

J. O. Prochaskaらの多理論統合モデル(Transtheoretical Model) では，Aはどのステージにあるか。最も適切なものを1つ選べ。

① 維持期

② 実行期

③ 準備期

④ 関心期（熟考期）

⑤ 前関心期（前熟考期）　　　　(2020年試験 問61)

★ **ワンポイント解説**

生活習慣を改善するためのアプローチである多理論統合モデル（行動変容ステージモデル）は，頻出の知識である。

🔒 **キーワード**

多理論統合モデル ▶P.160
行動変容ステージ ▶P.160-161

Aさんがどの段階にあるのかを設問文の情報から正確に把握しましょう。

① ×

➡ 維持期とは，行動を起こしてから**半年以上継続している**時期のことを指す。Ａがジムに通って半年以上経過しているというエピソードであれば維持期であるが，本事例ではまだ行動を起こしていないので，維持期ではない。（不適切）

....

② ×

➡ 実行期とは，行動を起こしてから**半年以内**の時期のことを指す。Ａがジムに実際に通っているがまだ半年経っていない，というエピソードであれば実行期に該当するが，本事例では実行期には該当しない。（不適切）

....

③ ×

➡ 準備期とは，**1か月以内**に行動を起こす気がある時期のことである。Ａはジム通いという行動を起こす気があるが，1か月以内ではなく半年以内に始めようと考えているため，準備期には該当しない。（不適切）

....

④ ○

➡ 関心期（熟考期）とは，**6か月以内**に行動を起こす気がある時期である。Ａは半年以内にジム通いを再開しようとしているので，関心期（熟考期）に該当する。（適切）

....

⑤ ×

➡ 前関心期（前熟考期）とは，**6か月以内**に行動を起こす気がない状態である。Ａは半年以内にジム通いをしようと考えているので，前関心期には該当しない。（不適切）

【多理論統合モデル：Transtheoretical Model】

J. O. Prochaska（プロチャスカ）と C. C. DiClemente（ディクレメンテ）によって提唱された，**行動変容**に関するモデル。**生活習慣の改善**（禁煙や食事改善，運動習慣など）に対する対象者の準備性を評定し，準備性の状態に合わせた支援を行おうとするものである。

この準備性の状態は，**行動変容ステージ**として以下の5つの段階に整理されており，それぞれの段階で行うべき対応が示されている。

1 前関心期（前熟考期）

6か月以内に，より健康的な行動を起こそうとする気がない段階。この時期の人は，今の問題行動（喫煙や暴飲暴食，運動不足など）のリスクに関する**知識**が不足しているか，または，これまでに行動変容を何度も試みて，その度に失敗し，**やる気**が低下している可能性がある。

【対応】行動を変えるよう強く説得しても効果はない。対象者との**信頼関係**を構築し，根気強く情報提供を行う。また，**動機づけ面接**は前関心期におけるアプローチの一つである。

2 関心期（熟考期）

6か月以内に行動を起こす気がある段階。この時期の人は，行動変容による**メリットとデメリット**の間で揺れ動いている状態であり，「やめたいけれど，やめたくない」というアンビバレントな状態にあるといえる。

【対応】行動を変えることのメリットの方がデメリットよりも多いと認識してもらえるよう助言する。

③　準備期

　1か月以内に行動を起こす気がある段階である。この段階の人は，変化したいという意志がある。

【対応】対象者の**目標**を明確化し，その目標を達成するための具体的な方法を助言する。行動を変化させる能力に自信を持ち，行動を変えることを宣言する**自己の開放**は準備期に効果的である。

④　実行期

　行動を変化させて**6か月以内**にある段階である。

【対応】今の状態が継続できるようサポートする。以下のような方法が効果的である。

①強化マネジメント…自分をほめる，自分にプレゼントする。
②拮抗条件づけ…問題行動を誘発しない方法を取り入れる。
　（例）外食すると食べ過ぎるので，家で食べる機会を増やす
③刺激統制…問題行動を引き起こす刺激を取り除く。
　（例）お菓子を家に置かない
④援助関係の利用…周囲からのサポートを得る。

⑤　維持期

　行動を変化させてから**6か月以上**経過している段階である。この段階の人は，今の健康的な行動を持続できるという自信が増している。

【対応】不健康な行動に逆戻りしそうになる状況などを整理し，そのような状況になった時に対策を話し合う。

介護困難の家族への支援 　対応

問 75歳の女性A。80歳の夫Bと二人暮らし。Bは要介護3で，Aがひとりで在宅介護をしている。Aは介護認定を受けていない。Bは介護サービスの利用に消極的で，週1日のデイサービスのみ利用している。最近，認知症の症状もみられるようになってきた。毎月1回，Bの内科と物忘れ外来を受診しているが，今月の予約日に受診しなかった。看護師が電話をすると，Aが予約を忘れていたと言い，翌日来院した。Bの認知症の検査をした公認心理師が，いつものようにBの身なりが整っていないことを不審に思い，Aに話を聞くと，Aは，最近では以前のようにBを介護できない，何をするのだったかわからなくなることがあると話した。ひとり息子は海外勤務で頼れず，Bが嫌がるため介護サービスも増やせないという。昨日の受診忘れについて尋ねると，今日が予約日だったから今日来たのだと話した。

　このとき，公認心理師のAおよびBへの対応として，適切なものを<u>2つ</u>選べ。

① Aに対して，認知機能の検査を実施する。

② Aに，Bを担当する介護支援専門員とBのケアプランの見直しを検討するように助言する。

③ Aの居住する地域の地域包括支援センターに，A宅への訪問を依頼する。

④ Aの介護負担を減少させるため，Bの入院を検討する。

⑤ Aに，Bの受診時にまた話を聞かせてもらうと伝える。

（オリジナル問題）

地域の高齢者福祉サービスをどの段階で活用・連携していくのかを考えることが必要である。

介護保険サービス ▶P.164
地域包括支援センター
▶P.164-165

解答・解説

答え ②,③

① ✕

➡ A自身がこの病院を受診しているわけではないので，この時点でAに検査を行うことは適切ではない。（不適切）

② ○

➡ Bの介護の必要性は増加しているが，Aの介護を担う能力は低下してきている。そのため，Aの心身の状態を加味して，Bのケアプランを見直す必要がある。（適切）

③ ○

・何をするのだったかわからなくなることがある
・今日が予約日だったから今日来たのだと話した

➡ Aに認知症が疑われることから，A自身への介護の必要性も考えられる。現在は自立であるので，まずは 🔒 地域包括支援センターにつなぎ，介護認定その他必要なサービス利用への端緒とすべきである。（適切）

④ ✕

➡ 設問文からだけでは，Bの入院の必要性はわからない。（不適切）

⑤ ✕

➡ 継続して様子を見る必要はあるが，AとBの生活改善のための対応をした上で見守るべきである。（不適切）

高齢者への地域支援

【 介護保険サービス 】

介護保険サービスは介護保険制度に基づくものである。介護保険サービスの利用開始の流れは以下のとおり。

①相談…窓口は市町村または地域包括支援センター。

②要介護認定…明らかに要介護認定が必要，または基本チェックリスト該当の場合，要介護認定申請の後，認定調査と主治医意見書を元に要介護認定がなされる。

> **基本チェックリスト**
>
> 65歳以上の高齢者が自分の生活や健康状態を振り返り，心身の機能の衰えがないかどうかをチェックするためのものである。生活機能の低下のおそれがある高齢者を早期に把握し，総合事業へつなげるために用いられる。

要介護度状態区	受けられるサービス
要介護1～要介護5	介護給付のサービス
要支援1，要支援2	予防給付のサービス，総合事業
要介護1～要介護5，要支援1，2ではないが，基本チェックリスト該当の人	総合事業
基本チェックリストに該当しない人	一般介護予防事業

【 地域包括支援センター 】

介護・医療・保健・福祉等の側面から高齢者を支援するための総合相談窓口であり，高齢者が住み慣れた地域で生活できるようさまざまな相談に応じる施設である。介護保険の申請窓口も担う。地域包括支援センターには，保健師・社会福

祉士・主任介護支援専門員等を配置する。

設置主体	市町村
利用対象者	・対象地域に住んでいる65歳以上の高齢者やその支援に携わる者 ・地域住民による高齢者についての相談も受け付ける（例：隣の高齢者宅がごみ屋敷になっている，最近見かけない等）
主な業務	**1．介護予防支援** 要支援者に対するケアプランの作成など **2．包括的支援事業** ①介護予防ケアマネジメント…総合事業のみを利用する高齢者に対する介護予防のためのケアマネジメント ②総合相談支援業務…幅広く相談窓口となる ③権利擁護業務…成年後見制度の支援，虐待被害の対応等 ④包括的・継続的ケアマネジメント支援業務…地域ケア会議の開催，ケアマネ支援等

【参考】介護保険制度の対象者
❶ 65歳以上で要介護・要支援認定を受けた者
❷ 40歳以上64歳未満で16の特定疾病により要介護・要支援認定を受けた者

問　16歳の女子A，高校生1年生。両親と3人家族。半年前から学校に行かなくなり，自室にこもる生活を続けていた。特に最近2か月間は昼夜逆転の生活を続けており，夜中に突然大声で叫ぶ，壁を叩くなどの行動が頻回に現れ，両親も心配していた。ある日母親が声をかけると，Aは「お前らのせいだ」と言って殴りかかった。それ以降母親への暴言や暴力が多くなり，同時に本人も食事や睡眠をとらなくなったため，以前から通院していた精神科病院へ受診したところ，本人は入院の同意をしなかったが，指定医の診察の後両親の同意により入院となった。

　この事例における入院形態として最も適切なものを1つ選べ。

①　任意入院
②　医療保護入院
③　応急入院
④　措置入院

（オリジナル問題）

★ ワンポイント解説

指定医による診察の有無や指定医の人数，入院の制限時間などはしっかり覚えておこう。

🔒 キーワード

任意入院　▶P.168
医療保護入院　▶P.168
応急入院　▶P.168
措置入院　▶P.168-169

精神保健福祉法に規定される入院形態の種類は，公認心理師試験の頻出領域です。

答え ②

① ×

本人は入院の同意をしなかった

➡ 🔒 **任意入院**は，**本人の同意**によって行われる入院形態
である。（不適切）

. . . .

② ○

本人は入院の同意をしなかったが，指定医の診察の後両親の同
意により入院となった

➡ 🔒 **医療保護入院**は，本人の同意は得られないが，**指定
医の診察と家族等の同意**によって行われる非自発的な入
院形態である。医療保護入院は家族のうちのいずれかの
同意によって可能であるが，**未成年者**の患者については，
原則として父母双方の同意が求められる。（適切）

. . . .

③ ×

両親の同意により入院となった

➡ 🔒 **応急入院**は，家族などと連絡が取れず，自傷他害の
おそれがないが緊急の入院が必要であると**指定医の診察**
によって認められた場合に行われる入院形態。（不適切）

. . . .

④ ×

➡ 🔒 **措置入院**は，入院させなければ**自傷他害のおそれが
ある**精神障害者に対する入院形態。「母親への暴言や暴
力が多くなり」というエピソードから他害の可能性がな
いとはいい切れないが，措置入院は**通報**の後に**指定医2
人の診察**によって都道府県知事の権限でなされるもので
ある。（不適切）

【入院形態】

精神科の入院形態は，**精神保健福祉法**において以下の４つに分類されている。

1 任意入院

本人の同意による入院である。任意入院では，本人からの退院要求があった場合，原則として退院可能であるが，病状によって入院の継続が望ましい時には，本人からの退院請求があっても**精神保健指定医（以下，指定医）の診察**によって，72時間を限度に退院を制限することができる。

2 医療保護入院

入院が必要であるが，精神障害者本人から入院の同意が得られない場合，**①指定医の診察**と**②家族等**の同意（**家族等**が同意の意思を表示することができない場合は**市町村長**の同意）によって非自発的に入院させることができる。

退院請求は本人または家族等によって行うことができる。また，精神科病院管理者は，入院患者本人が早期に退院できるよう支援する退院後生活環境相談員を選任する責務がある。

3 応急入院

家族等と連絡がとれず，自傷他害のおそれがないが，緊急の入院が必要とされる場合，**指定医の診察**によって72時間入院させることができる。

4 措置入院

入院させなければ**自傷他害**のおそれのある精神障害者に対

する入院形態である。**都道府県知事の権限で行う。通報の後，指定医2人**による診断で入院させることができる。

　なお，迅速な入院が必要な場合には，指定医1人の診察で72時間に限り入院できる緊急措置入院もある。

【 精神保健指定医 】

　精神保健福祉法第18条に基づく国家資格。「指定医」と表記されることもある。精神障害者の人権を制限する非自発的入院，処遇のすべてに関わる。

　精神保健指定医の主な職務として以下のものが挙げられる。

・精神科において，身体拘束が必要な場合の診察
・任意入院患者において退院制限が必要な場合の診察
・12時間を超える隔離が必要な場合の診察
　（12時間以下の隔離は指定医以外の医師でも可）
・医療保護入院が必要な場合の診察
・応急入院が必要な場合の診察　　　　　など

【 行動制限 】

　精神科病院の管理者は，入院患者に対する医療または保護に欠くことのできない限度において行動制限ができる（精神保健福祉法）。行動制限には，**身体拘束，隔離，通信・面会の禁止**などがある。

　ただし，行政機関の職員や，患者の代理人である弁護士および保護者の依頼によって代理人になろうとする弁護士との面会・電話，信書の発受はいかなる入院形態においても制限できない。

高齢者施設での支援 対応

問 80歳の女性Ａ。5年前に認知症と診断された。現在，要介護4で介護老人福祉施設に入所しており，ミニメンタルステート検査（MMSE）は5点である。最近は移動に車いすを利用しているが，ひとりでトイレに行こうとするなどして転倒することが多い。ある平日の午後4時過ぎにＡからナースコールがあり，「息子が来るので迎えに行かなければならない」と言う。職員は息子の面会があるとは聞いておらず，他の業務で手が離せなかったので「少しお待ちください」と伝えたが，繰り返しナースコールで呼ばれた。「今行きますから，待っていてくださいね」と言うと，「私が迎えに行ってくるからいいわよ」と言われた。

このとき，職員の対応として最も適切なものを1つ選べ。

① 息子が今日来るとは聞いていないことを伝え，部屋にいるように説得する。

② 息子に連絡し，面会に来てもらうようにお願いすると伝える。

③ 車いすに移乗し，夕食時に使用するオーバーテーブルを設置して，夕食まで職員のいる食堂で過ごしてもらう。

④ 夕食まで，部屋のベッドで横になっていてもらう。

⑤ 一緒に玄関まで様子を見に行き，「もうすぐ夕食の時間になるので，ご飯を食べながら待ってみましょう」と提案する。

(オリジナル問題)

★ ワンポイント解説

認知症支援の特徴と方法を確認しよう。また，身体拘束についての具体例を理解しよう。

🔒 キーワード

認知症高齢者への心理的援助
▶P.172-173

身体拘束（の禁止）▶P.173

解答・解説

答え ⑤

① ×
➡ 設問文からは息子が来るかどうか判断できない。また，Aの**気持ちを受け止める対応**となっていない。（不適切）

② ×
ある平日の午後4時過ぎにAからナースコールがあり
➡ 平日の夕方に連絡をしても，息子が面会に来ることができるかどうかわからない。不確定なことを伝えて，さらに**混乱**させることになりかねない。（不適切）

③ ×
➡ 職員の目の届くところに居てもらうことはよいが，車いすに座らせたままオーバーテーブルで動きを制限することは，🔒 **身体拘束**となるので不適切である。（不適切）

④ ×
➡ Aが納得しないままベッドに寝かせると，ひとりで立ち上がろうとして，**転倒**するリスクが高い。（不適切）

⑤ ○
➡ 一緒に様子を見に行くことで，本人の気持ちに**寄り添い**つつ，施設での日課に参加していけるように，さりげなく促していくことができると考えられる。（適切）

> 認知症の人の世界を理解し，本人の気持ちに寄り添うことが必要です。

【 認知症高齢者への主な心理的援助方法 】

■ パーソンセンタードケア

T. Kitwood が提唱した，認知症高齢者を一人の人として尊重し，「その人の視点や立場に立って理解しながらケアを行う」という認知症ケアにおける考え方。認知症の人の心理的ニーズとして，一人の人間として尊重する愛を中心に，自分らしさ，結びつき，携わること，共にあること，くつろぎが挙げられている。これらは，すべての人が持つニーズでもある。

② 回想法

R. Butler が提唱した認知症の人に対する心理療法で，自分の過去のことを話すことで精神が安定し，認知機能の改善が期待できるというもの。若い頃を思い出させる道具を用いたり，介護施設等でグループ単位で行ったりすることもある。

近年では認知症の予防法としても注目されており，自治体の介護予防事業などで活用されている。

③ リアリティ・オリエンテーション（現実見当識訓練）

J. Folsom が提唱した，認知に焦点を当てたアプローチ。今日の日付や今いる場所などがわからない見当識障害の是正と，現実認識を高めることを目的とし，次の2種類の方法がある。

24時間リアリティ・オリエンテーション	認知症高齢者とスタッフとの日常生活でのコミュニケーションの中で，名前，場所，日時などの基本的な情報を自然な形で伝えていく。
クラスルームリアリティ・オリエンテーション	少人数のグループで，基本的な情報を提供し，プログラムに沿って行う。

4 バリデーション療法

　N. Feil が提唱した認知症高齢者との**コミュニケーション法**。周囲からは問題行動とみなされる認知症高齢者の行動も，本人にとっては意味のあるものだと捉え，共感し，受容する。具体的なテクニックとして，**センタリング**（精神統一）や**リフレージング**等の言語的テクニック，**ミラーリング**や**アイコンタクト**等の非言語的テクニックなどがある。

【 身体拘束の禁止 】

　2000 年の介護保険制度の施行時から，介護保険施設等で高齢者の身体の自由を奪う身体拘束は，入所者の「**生命又は身体を保護するため緊急やむを得ない場合を除き**」原則禁止されている（障害者総合支援法に基づく指定障害福祉サービスの事業等の人員，設備及び運営に関する基準　第73条）。身体拘束は，原則として高齢者虐待に該当する行為であると考えられるためである。

　身体拘束の具体例として，車いすやベッドにひも等で縛る，ベッドから降りられないよう柵で囲む，ミトン型の手袋や介護衣（つなぎ服）を身に着けさせる，向精神薬を過剰に服用させる，自分の意思で開けることのできない居室等に隔離する，などがある。

　身体拘束が「緊急やむを得ない」とされる要件は以下の3つであり，これらをすべて満たすことが必要である。

切迫性	利用者本人または他の利用者の生命または身体が危険にさらされる可能性が著しく高い場合。
非代替性	身体拘束以外に代替する介護方法がないこと。
一時性	身体拘束は一時的なものであること。

問　17歳の女子Ａ。Ａの母親はひきこもり地域支援センターに来所し，公認心理師が相談を受けた。Ａは中学１年生の６月頃から「人の視線が気になる」と家族に話すようになり，次第に「外へ出るのが怖い」と遅刻や欠席が増えていき，２年生に進級する頃には不登校となった。それ以降，家族とは会話をするが，自宅にひきこもる生活が続いている。16歳の時に一度アルバイトの面接を申し込んだが，結局面接には行けなかった。母親は「精神的な病気ではないと思うが，今後のことを考えると心配。どうしたらＡは良くなるだろうか」と訴えた。

このとき，母親に対する公認心理師の初回の対応として，適切なものを１つ選べ。

① 　Ａの自立に向けた就労支援を提供する。

② 　Ａの様子を知るために訪問支援を提案する。

③ 　Ａの精神医学的評価をし，直ちに医療機関へ受診するように促す。

④ 　Ａの同意がなければ相談に応じられないことを伝える。

⑤ 　Ａの情報を集めつつ，母親のこれまでの労をねぎらって今後の支援について検討する。

（オリジナル問題）

★ **ワンポイント解説**

厚生労働省のガイドラインに基づく対応を理解しておこう。

🔒 **キーワード**

ひきこもりの評価・支援に関するガイドライン　▶P. 176-177

① ×

➡ 具体的な支援は面接を続けていく中で必要になるが，初回に行うべきではない。また，**本人の意向**がわからない状況で支援を方向づけるのも不適切である。(不適切)

② ×

➡ ①と同様，相談支援開始時の具体的な支援や指示は避けるべきである。特に訪問支援はひきこもり当事者に相当な**心理的負荷**がかかるため，十分に検討してから勧めるべきである。(不適切)

③ ×

➡ 公認心理師として精神医学的見立てを行うことは大切であるが，Aに**自傷他害**のおそれなどは認められず，緊急を要する事態であるとは考えにくいため，直ちに**医療機関**の受診を勧める必要はないと判断できる。(不適切)

④ ×

➡ ひきこもり支援の多くは**家族**からの相談によって始まる。本人の同意を得た上で相談に来ることはまれであり，選択肢④のような対応は支援者側が支援を拒絶するという対応になるため望ましくない。(不適切)

⑤ ○

➡ まずは母親がこれまで抱えてきた思いを**傾聴**し，その中で現状を正しく把握し，今後どういった形で協力が可能なのか共に考える姿勢が人切である。(適切)

【 ひきこもり支援 】

　厚生労働省の「ひきこもりの評価・支援に関するガイドライン」に沿った理解が必要である。以下，ガイドラインに沿ってひきこもり支援のポイントを解説する。

1　ひきこもりの定義

　ひきこもりとは，さまざまな要因の結果として，就学や就労，友人との交友といった**社会的参加**を避けている状態が，原則として**6か月以上**続いている状態のことである。

　非精神病性の状態と定義されているが，実際には確定診断前の統合失調症に基づくひきこもり（陽性症状・陰性症状）も含まれている可能性がある。

2　ひきこもりの長期化予防

　ひきこもりの状態が長期化すると，身体的健康面の影響としては衛生面や栄養面での問題，**身体的機能の低下**などが考えられ，心理社会的健康面の影響としては**教育機会や就労機会**などの社会参加の機会が減少することが考えられる。

　社会参加の困難さは**精神障害を発症する一因**にもなるので，支援者はひきこもりの長期化を防ぐために，当事者の来談や受診をできるだけ早く実現する必要がある。

3　ひきこもりの評価

　支援を始める際，当事者およびその周囲の環境の状態を評価する必要がある。適切な評価を行うためには，**長期的な関与**を続けて情報を蓄積すること，統合失調症・発達障害・強迫性障害などの精神障害の有無を判断することが重要。

4 家族への支援

　多くの場合，最初は家族のみが来談し，支援の第 1 段階は家族支援となる。家族支援の初期段階では，具体的な支援の提示や指示をするのではなく，まずは当事者について共に考えてくれる協力者がいるという安心感を相談者に持ってもらえるように支援を進めていくことが大切である。

5 当事者への支援

　対面形式で支援できる場合，特に初回面接では，来談したことをねぎらい，支持的で受容的な態度で接する。

　また，ひきこもりの支援では，精神保健・福祉機関，医療機関などの支援が必要となる。よって，支援者は当事者の現状を適切に評価し，必要とされる機関につなげるために他機関との連携を重視する視点が求められる。

　治療場面に当事者が出向くことが困難な場合は，訪問支援（アウトリーチ型支援）を行うことも有効である。ただし，家庭訪問を行うタイミングは重要である。また，訪問支援の実施は事前に家族や当事者に伝え，当事者が拒否している場合は，面談を無理強いしてはならない。

家庭訪問が必要となるタイミング

❶　当事者の心身の状態が悪化し，自他の生命の危険性が考えられるとき。

❷　何らかの精神医学的症状が認められ，家族や関係機関から，受診の必要性を求められたとき。

❸　家族自体が重大な健康問題を抱えていたり，家族機能不全が生じているとき。

❹　支援者の訪問について，当事者本人が納得または希望しているとき。

被災時の子どもへの対応 対応

問 4歳の女児Ａ。Ａは2週間前に豪雨による水害で被災し，避難所で寝泊まりをするようになった。避難所では母親のそばを片時も離れなかった。10日前に自宅に戻ったが，自宅でもＡは母親について回り，以前していた指しゃぶりを再びするようになった。夜静まると戸外の音に敏感になり，「雨，たくさん降ったね。川からゴーって音したね」と同じ話を繰り返した。被災から2週間がたつがＡは保育園にもまだ行けないため，母親は保育園を巡回している公認心理師に，対応の仕方を尋ねてきた。

公認心理師の助言として，適切なものを1つ選べ。

① 通園させるように強く促す。

② 母子が少しずつ離れる練習をする。

③ 指しゃぶりをやめさせるようにする。

④ 災害時の様子を話し始めたら，話題を変える。

⑤ 災害に関するニュースなどの映像を見せないようにする。

（2019年試験 問66）

★ ワンポイント解説

子どもにおける災害後の症状を理解し，対応を把握しておこう。

🔒 キーワード

急性ストレス障害（ASD）
▶P.180
心的外傷後ストレス障害(PTSD)
▶P.180-181,272

① ✕

➡ Aには，災害体験によるストレス反応（分離不安，退行，過度の警戒など）がみられる。本人の気持ちを大切にし，穏やかに優しく関わりながら，経過観察していくことが基本的な対応である。（不適切）

② ✕

➡ Aの行動や様子には分離不安がみられる。Aに安心感や安全感を取り戻させることが最優先であり，なるべく母親と一緒に過ごすことが基本となる。（不適切）

③ ✕

以前していた指しゃぶりを再びするようになった

➡ 指しゃぶりは退行現象である。退行現象は，自然災害などのトラウマ（心的外傷）体験の後に生じる自然な反応である。母親や周囲の大人は子どもに安心感を与えるような声かけや対応をすることが基本である。（不適切）

④ ✕

➡ 災害時の様子を話すことは，Aが感じた恐怖や不安を母親と共有し，不安を和らげようとする行動と考えられる。Aの気持ちに寄り添うことが重要であり，話題を変えるのは不適切な対応である。（不適切）

⑤ ◯

➡ Aの意に沿わないタイミングで災害に関する刺激を提示すると，不安を強め症状を悪化させる可能性があるため，災害に関する映像は見せないようにする。（適切）

被災時の心理的支援

【 被災時の子どもへの対応 】

■ 被災時の子どものストレス反応

被災時の子どものストレス反応は，心理的な症状に加えて身体的症状も現れやすいのが特徴である。主な症状は以下のとおりである。

身体的症状	腹痛や頭痛，嘔吐，食欲不振などの体調不良，夜驚や中途覚醒などの睡眠障害，吃音など。
心理的症状	興奮や混乱などの情緒不安定（低学年までに多い），うつ状態で元気がなく引きこもりがち（高学年以降に多い）。
心理的退行現象	指しゃぶりやおもらしなど，母親に甘えるような行動を一時的にとること。幼児や小学生に多くみられる。

ストレス反応は一般的に数日以内に消失するが，長引く場合は急性ストレス障害（ASD）や心的外傷後ストレス障害（PTSD）を発症する。

■ 6歳以下のPTSDの診断基準

DSM-5における6歳以下のPTSDの症状は以下のとおり。なお，6歳以上では，成人のPTSDの診断基準を適用する。

①侵入症状	繰り返し想起される心的外傷体験や夢，フラッシュバック，<u>心的外傷を遊びで再演</u>
②回避症状	心的外傷が思い出される行為や場所，人を避ける

③認知や気分の 否定的変化	否定的感情の大幅な増加，<u>遊びの抑制</u>，活動減退，社会的引きこもり
④過覚醒症状	いらだちや怒り，過度の警戒，集中困難，睡眠障害

※下線部は6歳以下の診断基準で独自のもの。
※ASDは4週間以内，PTSDは1か月以上症状が持続する。
※**ASDでは6歳以下の子どもを対象にした診断基準はない。**

　小学校高学年以降は，成人のPTSDと似た症状を示すが，乳幼児期や低学年は心的外傷を再演する遊び（ポストトラウマティック・プレイ）や，恐怖感を興奮や混乱として間接的に表現する場合があるため注意する。

3　被災時の子どもへの支援方法

　被災時の子どもへの支援における基本的態度は，子どもが安心感，安全感を取り戻せるような関わりである。コミュニケーションや感情表現，リラクセーションなど，子どもの特徴や発達段階に合わせて支援する。

心理的退行現象や分離不安を示す子どもの場合	無理に制止するのではなく，スキンシップなど子どもが安心できるように温かく関わる。
心的外傷を遊びとして再演する子どもの場合	ポストトラウマティック・プレイと呼ばれる心的外傷を再演する遊びのうち，怪我をするような危険行為や恐怖を示す場合は制止するが，遊びに収まる場合は見守りながら遊びに付き合う。
発達障害や慢性疾患などの障害を持つ子どもの場合	自然災害による日常の変化に対する不安が高い可能性があり，障害特性や症状に応じた配慮をして支援する。

サイコロジカル・ファーストエイド 対応

問 ある地域で大きな震災が起こった。震災から1か月後，被災者の心のケアを目的として公認心理師によるチームが被災地に派遣された。チームのメンバーである公認心理師Ａが避難所を巡回していると，片隅に座っている少年Ｂを見かけた。Ｂはうつろな目で一点を見つめ，じっと座っている。疲れているようにも見えた。ＡはＢに近寄り，「私は公認心理師のＡといいます。何か困っていることはありますか」と声をかけた。するとＢは「特に困っていません。一人でいたいだけです」と答えた。

このとき，Ａの対応として適切なものを1つ選べ。

① 何か困ったことがあった時のために，援助が得られる連絡先を伝えて，その場を離れる。

② カタルシス効果を得るために，今の苦しみを言葉にすることを促す。

③ PTSD の症状が見られるため，医療機関へとつなぐ。

④ 「こんなに大きな震災があったにもかかわらず，生き延びたあなたには生きる力があります」と言って励ます。

⑤ 心身のリラックスを促すために，Ａに簡単なマッサージを実施する。

(オリジナル問題)

★ **ワンポイント解説**

震災などの重大な危機的状態直後の支援では，まずサイコロジカル・ファーストエイドの知識に基づいて対応を考える。

🔒 **キーワード**

サイコロジカル・ファーストエイド（PFA）▶P.184-185

答え ①

① ○

➡ Bの気持ちを尊重しつつ，何かあればいつでも連絡できるよう連絡先を伝えてその場を離れるのが望ましい。(適切)

....

② ×

➡ B本人が今の苦しみを表現したいと思っているのならば適切な対応になるかもしれないが，Bは「一人でいたい」と述べている。Bの気持ちを考慮せず，無理に苦しみを表現するよう促すのは避けるべきである。(不適切)

....

③ ×

➡ 設問文の「うつろな目で一点を見つめ」「疲れているようにも見えた」という情報だけでは，PTSDと判断するのは早急である。(不適切)

....

④ ×

➡ 「生き延びたあなたには生きる力があります」といったAの価値観を押しつけるような発言は望ましくない。(不適切)

....

⑤ ×

➡ サイコロジカル・ファーストエイドでは，適切であると確信できない限り，相手の体に触れてはならないとしている。(不適切)

サイコロジカル・ファーストエイド

【 サイコロジカル・ファーストエイド：PFA 】

　事故・災害・紛争などが起こった直後の心理的支援マニュアル（心理的応急処置）である。PFA は専門的なカウンセリングや医療行為などとは異なり，誰でもできるものとして考えられている。

※ PFA は WHO 版と兵庫県こころのケアセンターが日本語訳した米国版がある。

1　PFA の対象者

　重大な危機的出来事にあったばかりの苦しんでいる人を対象とする。ただし，そのような出来事に遭遇した人すべてがトラウマを経験し PFA を必要とするとは考えない。危機の際にリスクが高く，特別な支援を必要とする可能性がある人として，PFA では①子ども，②健康上の問題や障害を持つ人，③差別や暴力を受けるおそれがある人を挙げている。

2　PFA で行うこと／行わないこと

PFA で行うこと	・実際に役立つケアや支援を提供する。ただし押しつけない ・ニーズや心配事を確認する ・生きていく上での基本的ニーズ（食料，水，情報など）を満たす手助けをする ・話を聞く。ただし話すことを無理強いしない ・それ以上の危害を受けないように守る
PFA で行わないこと	・「心理的デブリーフィング」とは異なり，必ずしも出来事についての詳しい話し合いはしない ・出来事に対するその人の感情や反応を無理やり話させない

PFA で行わ ないこと	・適切であると確信ができない場合は，相手の体に触れない ・被災者の発言に対して価値判断をしない（「そんなふうに思ってはいけない」「助かってよかったですね」などは言ってはならない） ・他の被災者から聞いた体験談や自分自身の悩みを話さない

※心理的デブリーフィング…危機的出来事の直後数日から数週間の急性期にトラウマ的体験を話すように促す介入技法。現在では，その効果は否定されている。

③ PFA の活動

準備	【現地に赴く前の情報収集】 ・危機的な出来事の概要 ・現地で利用できるサービスや支援 ・安全と治安状況
見る	・安全確認（支援者自身の安全確認） ・明らかに急を要する基本的ニーズのある人の確認 ・深刻なストレス反応を示す人の確認
聞く	・支援が必要と思われる人に寄り添う ・必要なものや気がかりなことについて尋ねる ・耳を傾け，気持ちを落ち着かせる手助けをする
つなぐ	・生きていく上での基本的ニーズが満たされ，サービスが受けられるように手助けする ・自分で問題に対処できるよう手助けする ・情報を提供する ・大切な人や社会的支援と結びつける

被虐待児への対応　対応

問　5歳の男児。父母からの身体的虐待とネグレクトを理由に，1週間前に児童養護施設に入所した。入所直後から誰彼構わず近寄り，関わりを求めるが，関わりを継続できない。警戒的で落ち着かず，他児からのささいなからかいに怒ると鎮めることが難しく，他児とのトラブルを繰り返している。着替え，歯磨き，洗面などの習慣が身についていない。眠りが浅く，夜驚がみられる。

このときの施設の公認心理師が最初に行う支援として，最も適切なものを1つ選べ。

① 　眠りが浅いため，医師に薬の処方を依頼する。

② 　心的外傷を抱えているため，治療として曝露療法を開始する。

③ 　気持ちを自由に表現できるよう，プレイルームでプレイセラピーを開始する。

④ 　趣味や嗜好を取り入れて，安心して暮らせる生活環境を施設の養育者と一緒に整える。

⑤ 　年齢相応の基本的な生活習慣が身につくよう，施設の養育者と一緒にソーシャルスキルトレーニング（SST）を開始する。

（2018年試験 問143）

★ **ワンポイント解説**

男児が安心・安全であると感じられる環境を整えた後に，適切な時期を見計らってトラウマ治療を行うことが大切である。

🔒 **キーワード**

虐待が子どもに及ぼす影響
▶P.188

被虐待児への介入 ▶P.189

① ×

・1週間前に児童養護施設に入所した

・眠りが浅く，夜驚がみられる

➡ 男児は入所したばかりなので，眠りの浅さは緊張や不安による**正常な反応**であるとも考えられる。施設の生活に慣れると眠りが深くなっていくこともあるため，この状況での薬物療法の導入は早計である。（不適切）

-----

② ×

警戒的で落ち着かず

➡ 曝露療法は，男児が施設の環境を**安全・安心の場**と感じるようになってから行うべきである。（不適切）

-----

③ ×

➡ ②と同様，男児が施設の環境を**安全・安心の場**と感じるようになってから実施することが望ましい。（不適切）

-----

④ ○

➡ 男児は1週間前に入所したばかりであることから，まずは児童養護施設で**安心・安全**に生活できるように，**生活面での支援**を行うことが大事である。（適切）

-----

⑤ ×

父母からの身体的虐待とネグレクトを理由に，1週間前に児童養護施設に入所した

➡ ソーシャルスキルトレーニング（SST）は**社会的能力**を高める重要な技法であるが，この男児については，まず生活面の支援をした上で，**トラウマ**に関する支援を行うことが重要である。（不適切）

児童虐待

【虐待が子どもに及ぼす影響】

　虐待を受けた子どもには，以下のような特徴がみられる。

1　親の暴力行為，価値観などの学習

　親から暴力を受ける環境にいた子どもは，殴る・蹴るなどの暴力行為を学習する。また，子どもの目の前で父が母に暴力を加えていたケースでは，父の暴力行為やそれに伴う「暴力を振るうのは母が悪いからだ」といったメッセージから，暴力行為が正当であること，暴力の責任が母にあることなどを誤学習する（春原，2011）。このような背景により，子どもは問題解決の方法として，さまざまな状況で暴力を用いるようになる。

2　警戒的で落ち着かない

　親からの暴力は突然であることが多く，子どもにとって理由が分からない状況で生じる傾向がある。そのような状況下で生活していた子どもは，常にびくびくして落ち着きがなく，警戒的になる。対人不安や緊張も高い。

3　感情コントロールの困難

　被虐待児は感情のコントロールが難しく，イライラする感情を抑えられずに暴れたり暴力を振るったりする傾向がある。

> 児童虐待によって生じる問題の特徴や，それらの問題への対処法を確認しましょう。

【 被虐待児への介入 】

　被虐待児への介入にはさまざまなものがあり，支援対象の子どもの状態をアセスメントして適切な技法を選択する必要がある。ここでは，「プレイセラピー」と「暴力についての心理教育」について解説する。

▉　プレイセラピー

　遊びを通して自分を表現できるように支援する技法。被虐待児は自身の感情を抑圧する傾向にあるため，安心・安全なプレイルームで自分を表現させることで，こころの治癒を図る。

▉　暴力についての心理教育

　被虐待児は暴力を学習しており，攻撃性が強い・衝動的である・暴力を肯定するなどの特徴を有する場合がある。暴力について考え，暴力以外の行動で対処できるように支援する。

【 反応性アタッチメント障害と脱抑制型対人交流障害 】

　これらは，虐待などが原因で適切なアタッチメントが形成されず，特異的な行動パターンを示す障害である。

反応性アタッチメント障害	苦痛な時でも，養育者に対して最小限しか保護や愛情を求めようとしない。養育者との間でアタッチメントを形成する能力はあるが，アタッチメントを形成する機会が制限されたため，養育者に安心感を得ようとする行動が乏しい。
脱抑制型対人交流障害	初対面の人に対して，不適切で過度のなれなれしさを含む行動パターンを示す。主要な養育者の頻繁な変更や，情緒的な欲求が養育者から満たされないことなどが要因と考えられる。

児童虐待

被虐待児の家庭復帰支援 対応

問 9歳の男児A，小学校3年生。実父母から身体的虐待を受けて小学校1年のときに児童養護施設に入所した。入所当初は不眠，落ち着きのなさ，粗暴行為が見られたが，現在はほぼ改善し，日々の生活は問題なく過ごせるようになっている。実父母は施設の公認心理師との面接などを通して，暴力に頼ったしつけの問題や，虐待にいたるメカニズムを理解できるようになった。毎週の面会に訪れ，Aとの関係も好転している様子がうかがわれた。小学校3年になって，Aと実父母が家庭復帰を希望するようになった。

家庭復帰に関して施設が行う支援について，<u>不適切なもの</u>を1つ選べ。

① 家庭復帰後の懸念される事態について児童相談所と話し合う。

② 実父母と子どもと一緒に，帰省や外泊の日程やルールなどを検討する。

③ 週末帰省中に，再び実父母からの虐待が認められた場合には，家庭復帰については再検討する。

④ 実父母が在住する市の要保護児童対策地域協議会でのケース検討会議の開催を，児童相談所を通して市に依頼する。

⑤ 家庭復帰後は，施設措置が解除となり，市の要保護児童対策地域協議会の監督下に入るため，施設からの支援は終了する。

(2018年追試 問69)

★ ワンポイント解説

施設入所から退所，そして退所後のケアに関する大まかな流れを理解しておこう。

🔒 キーワード

児童虐待 ▶P.192，224-225
被虐待児の家庭復帰支援
▶P.192-193

① ✕

➡ 施設は，児童相談所と密接な連携をとりながら，保護者に対する**指導措置**の効果，子どもの心身の状況や心情等を十分把握した上で家庭復帰の判断を行う。（適切）

② ✕

➡ 親子関係の再構築を目的として，子どもの**心身の安全**が確保される状態で**面会・外出・外泊**などを段階的に実施する。面会・外泊等の回数や期間を変更する際は，子どもと保護者の意見も踏まえ，個別に対応する。（適切）

③ ✕

➡ **外泊時**の状況は，入所措置後の親子の変化を相互に体験する機会となり，家庭引取りの最終的な判断材料となる。（適切）

④ ✕

➡ **要保護児童対策地域協議会**は，相談や定期的な訪問等による子どもの見守りや，家族等への精神的な支援等を行うため，家庭復帰後の子どもと保護者の援助に有効である。児童相談所を介して，退所後の援助について地域の関係機関と連携するために協議を重ねていく。（適切）

⑤ ◯

➡ 施設に入所した子どもに対して，入所から**退所後**までを見通した継続的かつ総合的な支援を行う必要がある。2004 年の児童福祉法の改正により，施設の業務として「退所した者についての相談やその他の援助を行うこと」（**アフターケア**）が明確化された。（不適切）

児童虐待

【被虐待児の家庭復帰支援】

1 児童虐待とは

児童虐待には，**身体的虐待，性的虐待，ネグレクト，心理的虐待**の4種類がある。

虐待は，期間や内容，子どもの年齢や性格により，子どもの心身にさまざまな影響を及ぼすものである。以下のように，**身体面，知的発達面，心理面**に深刻な影響が生じる。

身体面	やけどや骨折などの傷，栄養障害，体重増加不良，低身長など。死に至る場合もある
知的発達面	安定的に学校に通えず，もともとの能力に比した知的発達が十分にできない
心理面	対人関係の障害，低い自己評価，行動コントロールの問題，多動，心的外傷後ストレス障害（PTSD），偽成熟性，精神的症状

〈入所中の支援〉

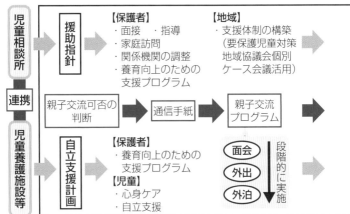

② 児童虐待対応時の流れ

児童福祉法と児童虐待防止法では，虐待予防や早期発見，対応などについて，国や地方公共団体に責務を定めている。児童虐待発見時には，児童の安全確保を最優先し，児童相談所を中心に組織的に対応することが求められている。

③ 被虐待児の家庭復帰支援のプロセス

原則，18歳までの被虐待児とその家族の在宅援助が難しい場合，児童養護施設等への入所措置をとる。入所後は，児童相談所と施設が連携し，児童相談所の援助指針や施設による自立支援計画に基づいて子どもと保護者の支援を行う。

親子関係の修復・改善がなされ，入所措置解除の条件が確認できた場合，家庭復帰後の支援のために学校や警察などの地域関係機関との調整に入る。また，**要保護児童対策地域協議会**を活用することも有効である。特に家庭復帰直後は虐待の再発リスクが高いので，施設は児童相談所や地域関係機関と連携しながら**アフターケア**を行う。

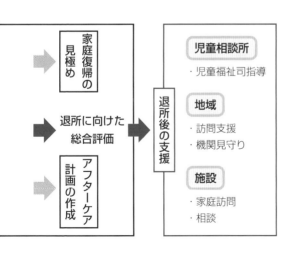

問　75歳の女性A。Aは相談したいことがあると精神保健福祉センターに来所し，公認心理師が対応した。Aは，45歳の長男Bと二人暮らしで，Bは覚醒剤の自己使用により保護観察付執行猶予中だという。「最近，Bが私の年金を勝手に持ち出して使ってしまうようになった。そのため生活費にも事欠いている。財布からお金が何度もなくなっているし，Bの帰りが遅くなった。Bは覚醒剤を使用しているのではないか。Bに恨まれるのが怖くて保護司に言えないでいる。Bを何とかしてくれないか」との相談であった。

　公認心理師の対応として，最も適切なものを1つ選べ。

① 高齢者虐待のおそれがあるとして，市町村に通報する。

② Aの話が本当かどうかを確認するため，しばらく継続して来所するよう提案する。

③ Bの行為について，高齢者虐待防止法違反として，警察に通報し立件してもらう。

④ Bが覚醒剤を使用している可能性が高いので，対応してもらうよう保護観察所に情報を提供する。

⑤ Bの行為は高齢者虐待に該当しないため，覚醒剤乱用の疑いがあるとして，Aから担当保護司に相談するよう助言する。

（注：「高齢者虐待防止法」とは，「高齢者虐待の防止，高齢者の養護者に対する支援等に関する法律」である。）　（2019年試験　問147）

深読みは誤答を招きます。例えば，「75歳の女性だから認知症の可能性がある」と即断してはいけません。

★ ワンポイント解説

設問文を丁寧に読んでテーマを
把握する。認知症を示唆する情
報は含まれていない。

🔒 キーワード

高齢者虐待防止法 ▶P.196
高齢者虐待（定義・種類） ▶P.196
高齢者虐待の通報先 ▶P.197

解答・解説

答え ①

① ○

「Bが私の年金を勝手に持ち出して使ってしまうようになった。
そのため生活費にも事欠いている」

➡ 🔒 高齢者虐待防止法第7条の規定により，速やかに市
町村に通報しなければならない。経済的虐待によって，
Aの生命に重大な危険が生じていると考えられる。（適切）

- -

② ×

➡ 高齢者虐待の疑いがあれば，虐待の証拠がなくとも速や
かに市町村へ通報することが求められる。（不適切）

- -

③ ×

➡ 🔒 高齢者虐待の通報先は市町村である。（不適切）

- -

④ ×

➡ Bの覚醒剤使用が事実であるとしても，本事例の状況で
公認心理師が優先すべき対応は高齢者虐待の通報であ
る。また，Bが覚醒剤を使用している「可能性が高い」
と断言できるほどの情報は設問文にはない。（不適切）

- -

⑤ ×

「Bに恨まれるのが怖くて保護司に言えないでいる」

➡ このようなAの心情に配慮する必要がある。また，Bの
行為は高齢者虐待の中の経済的虐待に当たる。（不適切）

【 高齢者虐待防止法 】

　高齢者虐待防止法（高齢者虐待の防止，高齢者の養護者に対する支援等に関する法律）は，①**高齢者の虐待防止**，②**早期発見・早期対応の施策促進**，③**養護者の支援**などを目的とした法律である。2006 年に施行。

■ 高齢者虐待の定義

　高齢者虐待防止法では 65 歳以上の者を「高齢者」と定義している。また，高齢者虐待を**養護者**によるものと**要介護施設従事者等**によるものの 2 つに分けている。

養護者	高齢者を現に養護する者で要介護施設従事者等以外のもの。高齢者を世話している家族，親族，同居人など。同居をしていないが現に世話をしている親族・知人なども養護者に該当する場合もある。
要介護施設従事者等	老人福祉法および介護保険法で規定する「要介護施設」または「要介護事業」の業務に従事する職員。

■ 高齢者虐待の種類

　高齢者虐待は次の 5 つに分類される。

①身体的虐待	高齢者の身体に外傷が生じる，または生じるおそれのある暴行を加えること。
	(例) 殴る，蹴る，無理やり口に食事を入れる，外から鍵をかけてとじこめる
②介護・世話の放棄・放任（ネグレクト）	必要な世話をせずに放置したり，養護者以外の同居人による虐待行為を放置したりすること。
	(例) 食事を与えない，入浴をさせない，同居する孫による高齢者への暴力を放置する

③心理的虐待	高齢者に対して心理的外傷を与える言動を行うこと。
	(例) どなる，ののしる，高齢者に恥をかかせる
④性的虐待	高齢者にわいせつな行為を行うこと，または高齢者にわいせつな行為をさせること。
	(例) 性行為の強要，人前で排泄行為をさせる
⑤経済的虐待	高齢者の財産を不当に処分したり，不当に財産上の利益を得ること。
	(例) 必要な金銭を渡さない，年金や預貯金を無断で使用する，施設職員の立場を利用して金を借りる

3 高齢者虐待の発見とその対応

　高齢者虐待を発見した場合，発見者は**市町村**（または委託を受けた**地域包括支援センター**）に通報しなければならない。通報は，虐待の事実を裏付ける証拠がなくても，虐待が**疑わ**れた段階で求められる。

高齢者虐待

> **通報の義務**
>
> 　自宅または要介護施設などで高齢者虐待を発見した場合，発見者は速やかに市町村に通報するよう努めなくてはならない(通報の努力義務)。ただし，その高齢者の生命・身体に重大な危険が生じている場合，通報しなければならない(通報の義務)。
>
> 　また，要介護事業者が，自身が勤務する要介護施設，要介護事業にて高齢者虐待を発見した場合は，虐待の程度にかかわらず通報の義務が課せられている。

「義務」と「努力義務」の違いなどに注意しましょう。

ドメスティック・バイオレンス(DV) 知識

問 25歳の女性A。Aは夫から暴力を受け，電話連絡や金銭使用を制限されて，配偶者暴力相談支援センターに逃げ込むが，すぐに夫のもとに戻り同居するということを何回も繰り返していた。今回も夫の暴力で腕を骨折し，同センターに保護された。Aは日中ぼんやりとし，名前を呼ばれても気づかないことがある。外出すると，自分の居場所が分からなくなる。夫から殴られる夢を見て眠れない，いらいらして周囲に当たり散らすなどの様子がみられる。その一方で，「夫は今頃反省している。これまで何度も暴力の後に優しくしてくれた」と言い，「夫のもとに戻る」と言い出すこともある。

Aの状況から考えられることとして，<u>不適切なもの</u>を1つ選べ。

① 夫との共依存関係がある。

② 夫婦は常に高い緊張関係にある。

③ 心的外傷後ストレス障害（PTSD）が疑われる。

④ Aは，夫の暴力を愛情表現の1つと認知している。

⑤ ドゥルース・モデルと言われる「パワーとコントロール」の構造が見受けられる。(2019年試験 問150)

★ ワンポイント解説

Aの心身の症状をアセスメントし，DVカップルの関係の特徴を確認する。

🔒 キーワード

DV防止法 ▶P.200

ドゥルース・モデル ▶P.201

DV被害者にみられる症状やDVカップルに関する概念・理論を問う問題です。

答え ②

① ✕

「夫のもとに戻る」と言い出すこともある

➡ Aと夫の間に**共依存関係**があると考えられる。加害者が
被害者に暴力を振るい，被害者がその暴力を受け止める
ことで，共依存の関係が成り立つとされる。（適切）

② 〇

これまで何度も暴力の後に優しくしてくれた

➡ **暴力のサイクル理論**（L. E. Walker）によると，①緊張期，
②爆発期，③ハネムーン期の３周期があり，常に高い緊
張状態や暴力が続くわけではない。（不適切）

③ ✕

・日中ぼんやりとし，名前を呼ばれても気づかない（**回避・麻痺症状**）

・夫から殴られる夢を見て眠れない（**侵入症状**）

・いらいらして周囲に当たり散らす（**過覚醒症状**）

➡ **心的外傷後ストレス障害**（PTSD）の症状である。（適切）

④ ✕

「夫は今頃反省している……」と言い，

➡ Aは夫の暴力を容認している様子がみられる。DV被害
者には，加害者の暴力を愛情によるものと考える認知の
歪みがあるといわれる。（適切）

⑤ ✕

Aは夫から暴力を受け，電話連絡や金銭使用を制限されて，

➡ Aは夫による支配状態にあると考えられる。**ドゥルース・
モデル**では，加害者の持つ「**パワー**」と被害者への「**コ
ントロール**」がDVの原動力となるとされる。（適切）

D
V

【DV防止法】

2001年に成立したDV防止法（配偶者からの暴力の防止及び被害者の保護に関する法律）の概要は，次のとおりである。

適用範囲	・日本国籍を持つ者 ・国籍，在留資格を問わず，日本国内にいるすべての外国人
配偶者に該当する人物	・男女共に該当 ・婚姻の届出をしている配偶者 ・事実上婚姻関係にある者 ・元配偶者（離婚前に暴力を受け，離婚後も引き続き暴力を受ける場合） ・生活の本拠を共にする交際相手 ・元の生活の本拠を共にする交際相手
暴力の種類	・身体的暴力 ・身体的暴力以外の，「これに準ずる心身に有害な影響を及ぼす言動」
通報義務	・発見した者による通報の努力義務 ・医師等は通報することができる（被害者の意思を尊重するよう努める）
通報先	①配偶者暴力相談支援センター，②警察
保護命令の種類 ※1,2	・被害者への接近禁止命令（6か月期限） ・被害者への電話等禁止命令（6か月期限） ・被害者の同居の子への接近禁止命令（6か月期限） ・被害者の親族等への接近禁止命令（6か月期限） ・被害者と共に生活の本拠としている住居からの退去命令（2か月期限）

※1 保護命令の申立ては身体に対する暴力または生命等に対する脅迫のみ対象
※2 保護命令の申立て先は地方裁判所

【ドゥルース・モデル】

　ミネソタ州ドゥルース市の虐待介入プロジェクトにおける「**パワーとコントロールの車輪**」(The Power and Control Wheel) モデルのこと。このモデルにおける**パワー**とは，加害者が持つ社会的な影響力・経済力・体力等を指し，**コントロール**とは加害者による被害者の支配を指している。

　車輪の図は，**身体的暴力**と**非身体的暴力**がどう関連しているかを表しており，それらの暴力が相互に作用して被害者を**支配**していることを表す。誰の目にも明らかな身体的暴力の背後に，心理的暴力や経済的暴力など目に見えにくい暴力があることを示す。

図　パワーとコントロールの車輪

出典：「夫（恋人）からの暴力」調査研究会『ドメスティック・バイオレンス 新版』有斐閣，2002年

【DV 加害者に向けた教育プログラム】

　DV 加害者に向けた教育プログラムとしては，女性蔑視傾向（ジェンダーバイアス）の改善を目指す**フェミニストアプローチ**，家族の機能不全に焦点を当てコミュニケーションの改善を図る**家族システムモデル**，加害者の DV 行動の原因と考えられる個人史に焦点を当てる**心理療法的アプローチ**などがある。

障害者の就労支援 知識

問 25歳の男性Ａ。Ａは，統合失調症の診断を受けている。一般就労を希望し，何社もの就職試験を受けたが採用されなかった。そこで，障害者総合支援法に基づくＢ事業所を利用し，一般企業での就職を果たした。しかし，Ａは新しい職場に馴染めず，就職して半年が経過すると心身ともに疲れ切ってしまった。そこで，ＡはＢ事業所に相談した。その後，相談を受けたＢ事業所の職員は，Ａの自宅や会社を訪問し，連絡調整を図った。これらの働きかけもあり，上司や同僚もＡの障害への理解を深め，Ａは会社に少しずつ馴染んでいった。

　Ｂ事業所がＡの就職後に行った福祉サービスとして，適切なものを１つ選べ。

① 職場適応訓練事業
② 就労継続支援事業（Ａ型）
③ 就労継続支援事業（Ｂ型）
④ 就労定着支援事業
⑤ 就労移行支援事業

(オリジナル問題)

★ ワンポイント解説

障害者総合支援法に定められた「訓練等給付」に基づいた障害福祉サービスの内容を正しく理解する。

🔒 キーワード

就労移行支援 ▶P.204
就労継続支援 ▶P.204-205
就労定着支援 ▶P.205

① ✕

①職場適応訓練事業

➡ 都道府県知事が民間事業者に委託して，就職に必要な知識・技能の習得や，作業環境に適応させるための訓練を行う。なお，本事業は障害者総合支援法における訓練等給付には含まれていない。（不適切）

② ✕

②就労継続支援事業（A型）

➡ 障害者総合支援法に定められた障害福祉サービス。雇用契約を結び，就労をしながら就職を目指す。（不適切）

③ ✕

③就労継続支援事業（B型）

➡ 障害者総合支援法に定められた障害福祉サービス。雇用契約は結ばず，通所して授産的な活動を行い，就労の機会を得ることでA型や就職を目指す。（不適切）

④ ◯

④就労定着支援事業

➡ 障害者総合支援法に定められた障害福祉サービス。職場に長期間定着して働けることが目的。利用対象者は，就労移行支援等の障害福祉サービスを利用して就職した者の内，就職後半年を経過した者である。（適切）

⑤ ✕

⑤就労移行支援事業

➡ 障害者総合支援法に定められた障害福祉サービス。知識・技能を向上させ，企業への就職を支援する。（不適切）

就労支援

【 障害者総合支援法における就労系福祉サービス 】

就労系福祉サービスには以下の４つがある。これらは障害者総合支援法の「訓練等給付」に含まれる。

■ 就労移行支援

対象者	就労を希望する65歳未満の障害のある者で，通常の事業所に雇用されることが可能と見込まれる者※
利用期間	最長２年間＋最大１年間の延長が可能
支援内容	①生産活動・職場体験等の活動機会の提供など，就労に必要な知識および能力の向上のために必要な訓練 ②求職活動に関する支援 ③その者の適性に応じた職場の開拓 ④就職後の職場への定着に必要な相談等の支援

■ 就労継続支援（Ａ型）

対象者	通常の事業所に雇用されることが困難であり，**雇用契約に基づく就労が可能である**65歳未満の者※。具体例は以下のとおりである。 ①移行支援事業を利用したが，企業等の雇用に結びつかなかった者 ②特別支援学校を卒業して就職活動を行ったが，企業等の雇用に結びつかなかった者 ③就労経験のある者で現に雇用関係の状態にない者
利用期間	制限なし
支援内容	雇用契約の締結等による就労の機会の提供および生産活動の機会の提供，その他の就労に必要な知識および能力の向上のために必要な訓練等の支援

※ 65歳以上の者も条件を満たせば利用可能

3 就労継続支援（B型）

対象者	通常の事務所に雇用されることが困難であり，**雇用契約に基づく就労が困難である者。** 具体例は以下のとおりである。 ①就労経験がある者であって，年齢や体力の面で一般企業に雇用されることが困難となった者 ②50歳に達している者または障害基礎年金1級受者 ③①および②に該当しない者で，就労移行支援事業者等よるアセスメントにより，就労面にかかる課題等の把握が行われている者
利用期間	制限なし
支援内容	就労の機会の提供および生産活動の機会の提供，その他の就労に必要な知識および能力の向上のために必要な訓練その他の必要な支援

4 就労定着支援

対象者	就労移行支援や就労継続支援等の利用を経て一般就労へ移行した障害者で，就労に伴う環境変化により生活面・就業面の課題が生じている者であって，**一般就労後6か月を経過した者**
利用期間	最長3年
支援内容	就労移行支援や就労継続支援等の利用を経て，通常の事業所に新たに雇用された後，就労の継続を図るために行われる支援。具体的には以下の2つがある。 ①障害者を雇用した事業所，障害福祉サービス事業者，医療機関等との連絡調整 ②障害者が雇用されることに伴い生じる日常生活または，社会生活を営む上での問題に関する相談，指導および助言など必要な支援

就労支援

原因帰属

問 35歳の女性Ａ。38歳の夫と，３歳と５歳の子ども
の４人家族である。Ａは先日ある国家資格の試験に合格し
た。Ａは平日はフルタイムで仕事をしており，仕事から帰
宅後も家事や育児があるため，試験勉強をするのはいつも
子どもが寝てからであった。土曜日と日曜日の休日も育児
の合間に試験勉強をしていた。その国家資格の合格率は例
年40％前後で，難易度が比較的高いものであった。周囲
の人は，試験の難易度や育児との両立という障壁にもかか
わらずＡが合格したのは「Ａがとても努力をしたからだ」
と考えていた。

　Ａの資格試験合格という出来事に対する周りの人の原因
帰属のあり方を表す，Kellyの共変モデルの概念として適
切なものを１つ選べ。

① 割増原理
② 錯誤帰属
③ 対応バイアス
④ 観察者－行為者バイアス
⑤ セルフ・サービングバイアス　　　（オリジナル問題）

★ ワンポイント解説

鍵となるエピソードの読み抜か
しをしないこと，設問中に書い
てないことを付け加えて解釈し
ないことが重要である。

🔒 キーワード

原因帰属 ▶P.208-209
Kellyの共変モデル ▶P.209
割増原理 ▶P.209
割引原理 ▶P.209

事例の中のエピソードを丁寧に
読み取ることで，正解に辿りつ
くことができます。

① ○

周囲の人は，試験の難易度や育児との両立という障壁にもかかわらずAが合格したのは「Aがとても努力をしたからだ」と考えていた

➡ 🔒 **割増原理**は，行動を阻害する要因がある場合，その行動の行為者の**内的要因**の影響力を過大評価する傾向のこと。本事例で，周囲の人は「合格は，内的要因であるAの努力に原因がある」と強く考えている。（適切）

② ✕

➡ 錯誤帰属は，実際の原因ではないものを，ある出来事の原因として考えることである。「試験合格」という結果の原因が「Aの努力」でないとはいい切れない。（不適切）

③ ✕

➡ 対応バイアスは，ある出来事の原因を行為者の**内的要因**に帰属させる傾向のこと（L. Ross）。本事例は，対応バイアスで解釈可能であるが，割増原理によってより適切に説明される。（不適切）

④ ✕

➡ 観察者−行為者バイアスは，ある出来事の原因を，行為者は**外的要因**に，観察者は行為者の**内的要因**に帰属させる傾向のこと。行為者であるA自身の帰属には触れられていない。（不適切）

⑤ ✕

➡ セルフ・サービングバイアスは，自身の成功は**内的要因**に帰属させ，失敗は**外的要因**に帰属させることである。A自身の帰属の方向には触れられていない。（不適切）

原因帰属

【 原因帰属：causal attribution 】

　原因帰属とは，ものごとの成功や失敗といった現象の原因を推測する過程をいう。原因帰属の理論は，さまざまな研究者によって提唱されている。

1　内的帰属と外的帰属：internal attribution/external attribution

　社会心理学者の F. Heider（ハイダー）が提唱した概念。内的帰属は，対象者の**内面**に原因があると考えることをいい，外的帰属は，対象者の**外部**に原因があると考えることをいう。

2　Weiner の原因帰属理論

　教育心理学の文脈では，B. Weiner（ワイナー）の原因理論が有名である。B. Weiner は原因帰属のパターンを，①原因の所在（原因が自分の内にあるか外にあるか），②原因の**安定性**（原因は変動しやすいものか安定しているものか），③原因の**統制可能性**（自分の力で統制できるものかどうか），の３つの次元の組み合わせによって，以下のように分類した。

統制可能性		統制可能		統制不可能	
安定性		安定	不安定	安定	不安定
原因の所在	内的	普段の努力	一時的な努力	能力	気分
	外的	教師からの偏見	他者からの助力	課題困難度	運

　B. Weiner は，原因帰属の仕方によって，対象者の今後の行動に影響が生じると考えた。例えば，ある学生がテストで

0点を取ったときに，勉強不足（努力不足）が原因だと捉えた場合，努力は**変えられる不安定なもの**であり，次は自分の努力次第で100点を取れるかもしれないという希望を持ち，勉強を頑張れる可能性がある。しかし，0点を取った原因を自分の能力の低さとして捉えた場合，能力は**変えられない安定的なもの**となるため，100点を取るという希望を持ちにくく，勉強意欲が低下する可能性がある。

❸ Kellyの共変モデル：Kelly's covariation model

H. Kelly（ケリー）は，ある人の行為の原因を推測する際，その出来事が発生した時に存在し，その出来事が発生しない時には存在しない要因があれば，それがその出来事の原因であると推測する傾向があると考えた。例えば，AはBと一緒にいる時はいつも楽しそうだが，Bがいない時はつまらなさそうにしているといった場合，「Aが楽しくなる要因はBの存在である」と推測することができる。

さらにH. Kellyは，原因帰属における**割増原理**と**割引原理**を提唱した。

原因帰属

割増原理	ある行為を妨害する外的要因が存在すると，行為者の内的要因の影響力を過大評価すること。
	（例）とても難しいテストでAが満点を取ったとき，Aの努力や能力が満点につながったと原因帰属する傾向が強くなる。
割引原理	ある行為の原因として説明できる外的要因があると，内的要因の影響力を過小評価すること。
	（例）Aがテストで満点を取ったとき，テストが簡単だった場合には，Aの努力や能力に原因帰属する傾向が低くなる。

教育領域　209

インフォームド・コンセント 対応

問 13歳の男子Ａ，中学生。中学校のスクールカウンセラーから紹介されてＢ大学の心理相談室を訪れた。スクールカウンセラーからの依頼状では，クラスでの対人関係の困難と学習面での問題について対処するために心理検査を実施してほしいという内容であった。ところが，Ａは検査のために来たつもりはなく，「勉強が難し過ぎる」，「クラスメイトが仲間に入れてくれない」，「秘密にしてくれるなら話したいことがある」と語った。

援助を開始するにあたって，インフォームド・コンセントの観点から最も適切な方針を１つ選べ。

① 保護者からの合意を得た上で適切な心理検査を実施する。

② いじめが疑われるため，Ａには伝えず保護者や教員と連絡をとる。

③ 「ここでのお話は絶対に他の人には話さない」と伝えて話を聴いていく。

④ スクールカウンセラーから依頼された検査が問題解決に役立つだろうと伝えた上で，まずはＡが話したいことを聴いていく。

⑤ スクールカウンセラーから依頼された検査をするか，自分が話したいことを相談するか，どちらが良いかをＡに選んでもらう。 (2018年試験 問63)

★ **ワンポイント解説**

心理的な指導や相談を進める場合，原則として未成年者であっても本人へのインフォームド・コンセントは必要である。

🔒 **キーワード**

インフォームド・コンセント ▶P.212

チーム内守秘義務 ▶P.213

① ×

➡ 保護者の合意だけでなく，🔒 **インフォームド・コンセント**の観点から，Ａ本人の合意も得る必要がある。（不適切）

・・・

② ×

➡ Ａの主張だけでいじめがあると認定することは難しい。いじめの疑いが強い場合は，Ａの合意を得て，**スクールカウンセラー，保護者，教員**などと情報共有する必要がある。その際，状況が悪化しないように対応することなどをＡに説明し，不安を取り除く必要がある。（不適切）

・・・

③ ×

➡ 検査を依頼されたＡ本人と個人的に秘密保持の約束をすることは，依頼主のスクールカウンセラーに対しても，🔒 **チーム内守秘義務**という観点からも好ましくない。（不適切）

・・・

④ ○

➡ 依頼された検査が問題解決に役立つという，スクールカウンセラーの意向を説明することは必要である。また，Ａが十分に納得して検査を行うことが望ましいため，Ａの主張にも耳を傾ける必要がある。（適切）

・・・

⑤ ×

➡ 検査と相談のいずれかを選ばせるのではなく，まずはＡの主張に耳を傾け，**インフォームド・コンセント**を目指すことが必要である。（不適切）

【 インフォームド・コンセント：informed consent 】

インフォームド・コンセントとは，心理師が心理的援助を実施する前に，**クライエント**に対して援助の**内容**や**方法**（援助を行った場合の効果とリスク，援助を行わなかった場合のリスクとメリットなど），**費用**, **時間**（時間帯や相談時間など），**秘密保持**の仕方などについて説明を行った上で，**クライエント**の同意を得ることである。公認心理師の職業倫理的な責務の一つでもある。

インフォームド・コンセントは，成人はもちろん**未成年者**に対しても行われるものであるが，**同意能力**がない（自分が置かれている状況や援助者からの説明を理解することが困難であるなど），自分で**意思表示**ができないと判断された場合（精神障害や幼児など）は，家族等からの代諾が必要になる。

ただし，クライエントに同意能力や意思表示の力がないと思われる場合であっても，可能な限りクライエント本人に対して，年齢や状態に合わせた**理解しやすい表現**で説明を行う努力は重要である。

【 チーム学校 】

学校の教員に加えて多様な専門性を持つ職員が配置され，教員とそれらの職員が一つのチームとして，それぞれの専門性を生かし，困難を抱えている生徒の援助のために連携，協働するあり方のことである。

1 チーム学校の3つの視点

①専門性に基づくチーム体制の構築	教員が授業等で専門性を高め，専門スタッフが専門性を発揮できるような連携，分担の体制を整備する。
②学校マネージメント機能の強化	教職員や専門スタッフが，チームとして機能するようなマネージメントのあり方を進める。
③教職員一人一人が力を発揮できる環境の整備	教職員一人一人が力を発揮できるように，組織の見直し，業務改善，人材育成を進める。

2 チーム内守秘義務

　学校内で児童・生徒の困難に対して支援を行う際，**チーム内守秘義務**または**集団内守秘義務**の視点を持つことが大切である。

　スクールカウンセラーも，学校においてチームの一員として活動することが求められる。スクールカウンセラーが児童・生徒から相談を受けた場合，たとえ児童・生徒本人から「このことは誰にも言わないで」と言われたとしても，教員などとそこで知り得た情報を**共有**して問題解決にあたる必要がある。教員などと児童・生徒の情報を共有する際には，事前に児童・生徒本人にその旨の**同意**を得るよう努める。

未成年のクライエントにおいても，本人へのインフォームド・コンセントは大切です。

来談意欲の乏しい子ども 対応

問 15歳，中学3年生の男子A。成績がよく真面目な生徒であったが，年度途中で体調不良の休みが続き，そのまま不登校になった。Aは部屋にこもり，両親と顔を合わせないが，部屋の前に置いた食事は食べている。両親に思い当たる原因はなく，カウンセリングを熱心に勧めると，最初はAは抵抗を示していたが，母親の根気強い説得によって，一度だけという条件で母親と学校の相談室に来談することになった。

来談したAに対するスクールカウンセラーの最初の対応として，最も適切なものを1つ選べ。

① カウンセリングについて，Aに説明を行う。
② 将来の進学に向けて，登校の重要性を話す。
③ 相談室に来たことをねぎらう。
④ 登校できなくなった理由や，改善策を考えさせる。
⑤ 不登校の原因を特定するため，心理テストを実施する。

（オリジナル問題）

★ ワンポイント解説

来談意欲が低いクライエントに，どのように対応するかを把握しておく必要がある。

🔒 キーワード

カスタマー ▶P.216
コンプレイナント ▶P.216-217
ビジター ▶P.217

思春期や青年期のクライエントは「親に連れてこられた」という場合があります。

① ✕

①カウンセリングについて，Aに説明を行う

➡ まずは相談室に来談したことを**ねぎらう**。カウンセリング内容について説明をするのはその後である。（不適切）

② ✕

②将来の進学に向けて，登校の重要性を話す

➡ そもそも相談室に来談する意欲も低い中で登校の重要性を話すのは，Aに「説教をされた」と捉えられかねず，逆効果になる可能性が高い。（不適切）

③ ○

③相談室に来たことをねぎらう

➡ 不登校であったAが，条件付きであれ相談に応じたことは，自身の現状を変えたいとの思いがあったと考えられる。Aの気持ちを**尊重**し，問題解決に向けたAの行動を**ねぎらう**ことが適切だと考えられる。（適切）

④ ✕

④登校できなくなった理由や，改善策を考えさせる

➡ 今まで順調に学校生活を送ってきたA自身が持て余している問題であり，早急に話題にあげるのは適切ではない。（不適切）

⑤ ✕

⑤不登校の原因を特定するため，心理テストを実施する

➡ まずはAが来談したことを**ねぎらい**，その後の**インテーク面接**での情報をもとに，必要であれば心理テストを実施する。（不適切）

【 来談意欲の乏しいクライエントへの対応 】

　相談機関を訪れるクライエントのすべてが，自分が現在抱えている問題に自覚的で，積極的に解決したいと思っているわけではない。特に，不登校やひきこもりといった事例の場合，本人はカウンセリングや支援の必要性を（自覚的には）感じていないにもかかわらず，教師や親によって半ば強引に相談機関に連れてこられた，というケースも少なくない。

　このような来談意欲の乏しいクライエントに対する対応を考える際，S. de Shazer（ド・シェイザー）のクライエントとカウンセラーの関係性の分類の理解が役に立つと考える。

【 クライエントとカウンセラーの分類 】

　解決思考アプローチの創始者である S. de Shazer は，クライエントとカウンセラーの関係性を以下の3つに分類し，それぞれのタイプによって最初の関わり方を変化させる必要があるとした。

■ カスタマー：customer

　来談意欲の高いクライエントである。現在の問題を解決したいと強く思っており，問題解決のために自分自身が何らかの行動をしたり，変化したりする必要性があることを認識している。

【対応】問題解決に対する具体的な支援を行う。

■ コンプレイナント：complainant

　現在問題があることを自覚しており，解決したいと思っているが，その問題を解決するために自分自身が行動したり，

変化したりする必要性があることは自覚していない。そのため，不満や愚痴ばかりに終始し，問題解決のために自分ではなく周囲が変わることを期待している。

【対応】最初から，問題解決の主体がクライエント本人であることに直面化させることは控える。クライエントの不満に耳を傾けつつ，徐々に問題解決の主体は自分自身であることが認識できるよう支援する。

3 ビジター：visitor

　来談意欲の**低い**クライエントで，支援を受けることに対しても**消極的**である。多くの場合は，周囲の人から相談室に連れてこられており，本人は問題解決の必要性を感じていない。

【対応】クライエント本人の現状に理解を示しつつ，来談したことを**ねぎらう**ことによって，クライエントが次回の面接への**来談意欲**を高められるようにする。

来談意欲の低いクライエントの場合，まずは，相談に来たことをねぎらうことが大切です。

個別指導を行う機関 対応

問 9歳の男児A，小学3年生。Aは，入学時から学校で落ち着きがない様子が見られた。担任教師がサポートしながら学校生活を送っていたが，学年が進むとささいなことで感情が高ぶったり教室の中で暴れたりするようになった。Aの学業成績はクラスの中で平均的であった。スクールカウンセラーとAの母親が継続面談を行い，Aには個別の指導が必要であると判断した。

　Aが利用する機関として，最も適切なものを1つ選べ。

　　① 児童相談所

　　② 教育支援センター

　　③ 児童自立支援施設

　　④ 児童家庭支援センター

　　⑤ 通級指導教室（通級による指導）

（2018年追試 問143）

★ ワンポイント解説

児童・生徒が利用できる各機関の知識が求められる。

🔒 キーワード

児童福祉施設 ▶P.220

児童相談所 ▶P.221

教育支援センター ▶P.221

特に児童福祉施設については整理して理解しておく必要があります。

答え ⑤

① ✕

➡ 🔒 **児童相談所**は、児童についての相談対応や児童虐待
への対応、措置、一時保護などを行う機関である。児童
生徒の個別の教育指導は業務には含まれない。（不適切）

② ✕

➡ 🔒 **教育支援センター**は適応指導教室とも呼ばれる。不
登校児童生徒に対して、個別カウンセリングや教科指導
などを行う。A は不登校というわけではないので、利用
する機関としては不適切である。（不適切）

③ ✕

➡ 児童自立支援施設は、**不良行為**をなしたり、またそのお
それのある児童に対して必要な指導や支援を行う施設。
A は教室内で暴れたりするものの、**不良行為**を行ってい
るわけではない。また、個別の教科指導という目的に対
して児童自立支援施設は不適切である。（不適切）

④ ✕

➡ 児童家庭支援センターは、児童に関するさまざまな相談
に対して専門的知識や技能によって対応を行う機関であ
る。個別の指導を行う機関ではない。（不適切）

⑤ ◯

➡ 通級指導教室（通級による指導）とは、通常学級に在籍
する比較的軽度の障害のある児童生徒が、必要に応じて
指導を受ける場である。A の状況に合わせた個別の指導
をする場として最も適切である。（適切）

コンサルテーション

【 児童福祉施設 】

　児童福祉施設とは，児童福祉法に規定された児童福祉に関する事業を行う施設のことである。

　主な児童福祉施設は以下のとおりである。

児童養護施設	保護者が死亡，または行方不明であって保護者のない児童（ただし乳児を除く）や虐待されている児童を入所させ養護する施設。
乳児院	乳児を入院させ，養育する施設。
児童心理治療施設	家庭環境や交友関係その他の環境的理由によって，社会生活への適応が困難な児童に対して，短期入所あるいは通所によって社会適応に必要な心理に関する治療および生活指導を行う施設。
児童自立支援施設	不良行為をなしたり，そのおそれのある児童，あるいは生活指導を必要とする児童に対して，入所あるいは通所によって，各児童に応じた指導を行い自立を支援する施設。
母子生活支援施設	配偶者のいない女子とその子どもを入所させ保護するとともに，自立促進のために生活の支援を行う施設。
児童家庭支援センター	児童についての家庭その他からの相談のうち，専門知識や技術を要する相談に応じ，児童またはその保護者に助言，指導を行う。また，児童相談所や，児童福祉施設などとの連絡調整を総合的に行う。
児童厚生施設	児童に健全な遊びを提供する場で，それにより児童の健康増進や情操の育成を行うことを目的とする施設。

| 保育所 | 日々保護者のもとから通わせ，乳児・幼児に保育を行う施設。 |

※その他，児童福祉施設として「助産施設」「幼保連携型認定こども園」「障害児入所施設」「児童発達支援センター」が児童福祉法第7条で規定されている。

【児童相談所】

18歳未満の児童を対象とし，子どもが心身ともに健やかに育成されるようさまざまな業務を行う。

具体的には，本人，保護者，教師などからの児童に関する相談業務のほか，児童虐待に対して保護者への指導や措置，あるいは子どもの一時保護などの機能を持つ。また，特別養子縁組の相談，仲介なども行う。

児童相談所は，各都道府県および政令指定都市に設置されている。

【教育支援センター（適応指導教室）】

教育委員会が設置・運営する施設で，不登校児童生徒等に対する支援を行う。学校内の空き教室や学校外に設置し，児童生徒の在籍校と連携をとりつつ，児童生徒に対する個別カウンセリングや，教科指導，集団活動などを実施する。

コンサルテーション

児童虐待が疑われるケース 対応

問 スクールカウンセラーである公認心理師が，担任教師Aから相談を受けた。小学３年生の男児Bは，夏休み明けから遅刻が多くなり，朝食も食べていない様子である。以前から，同じ服を何日も着ていたりして身なりに無頓着であったが，さらに手足にけがをして登校するようになった。そのため，Aは家庭での虐待を疑うようになった。Bは家庭のことを話したがらず，家庭に連絡をとっても，音信不通であるという。

Aに対する助言として，最も適切なものを１つ選べ。

① Aが中心となってこの問題に取り組むのがよい。

② すぐに解決を求めず，家庭への連絡を続け，まず実情把握に努めるべきである。

③ 夏休み明けは子どもがリズムを乱しやすいので，気長に指導していくのがよい。

④ 虐待の疑いがあるので，学校内で教員による組織的な対応を行うべきである。

⑤ 虐待の疑いも含め，児童相談所等の関係機関と連携し，早期の対応を行うべきである。(オリジナル問題)

★ ワンポイント解説

児童虐待に対して，学校には早期発見，早期対応が義務づけられている。

🔒 キーワード

児童虐待 ▶P.192, 224-225

学校の組織的な対応と，関係機関との連携が求められます。

答え ⑤

① ×

・同じ服を何日も着ていたりして身なりに無頓着であった
・手足にけがをして登校するようになった

➡ 🔒 児童虐待の疑いがあるため、**チーム学校**（P.212-213 参照）として、組織的な対応が求められる。（不適切）

⋯⋯⋯⋯⋯⋯⋯⋯⋯⋯⋯⋯⋯⋯⋯⋯⋯⋯⋯⋯⋯⋯⋯

② ×

➡ 児童虐待は、疑いのある段階で**通告**の義務がある。手遅れにならないように、**児童相談所**などの関係機関と連携し、早期に対応することが求められる。（不適切）

⋯⋯⋯⋯⋯⋯⋯⋯⋯⋯⋯⋯⋯⋯⋯⋯⋯⋯⋯⋯⋯⋯⋯

③ ×

➡ Bの状況から、Bの体調管理の問題ではなく、**児童虐待**の疑いがあると考えられる。児童虐待は、子ども一人ひとりの状況から判断し、早期発見することが求められる。（不適切）

⋯⋯⋯⋯⋯⋯⋯⋯⋯⋯⋯⋯⋯⋯⋯⋯⋯⋯⋯⋯⋯⋯⋯

④ ×

➡ 児童虐待の疑いには、**チーム学校**として、教員だけでなく心理・福祉の専門家、その他関係者を含む組織を構成して対応する。（不適切）

⋯⋯⋯⋯⋯⋯⋯⋯⋯⋯⋯⋯⋯⋯⋯⋯⋯⋯⋯⋯⋯⋯⋯

⑤ ○

➡ **チーム学校**として、学校の**組織的**な対応と関係機関との連携が求められる。（適切）

コンサルテーション

関連知識

【 児童虐待の種類 】

　児童虐待は，児童虐待防止法第2条において以下の4つに分類される。なお，児童とは児童福祉法において18歳未満の者と定義されている。

身体的虐待	殴る，蹴る，叩く，やけどを負わせる，溺れさせる，縄などにより一室に拘束する　など
性的虐待	子どもへの性的行為，性的行為を見せる，性器を触るまたは触らせる，ポルノグラフィの被写体にする　など
ネグレクト	家に閉じ込める，食事を与えない，ひどく不潔にする，自動車の中に放置する，重い病気になっても病院に連れて行かない　など
心理的虐待	言葉による脅し，無視，きょうだい間での差別的扱い，子どもの目の前で家族に対して暴力をふるう，きょうだいに虐待行為を行う　など

【 児童虐待の早期発見と介入 】

　児童虐待防止法によって，児童虐待の疑いがある児童を発見した場合は通告義務がある。通告先は市町村，福祉事務所，児童相談所。通告から介入までの流れは，以下のとおり。

①発見者による通告	【発見者通告義務】市町村，福祉事務所または児童相談所に通告する
②児童相談所による情報収集と安全確認（原則48時間以内）	・目視による子どもの安全確認 ・子どもが家庭内におり確認できない場合，児童相談所は家庭への立入調査を行う権限がある

	・保護者が施錠などを行って立入調査が困難な場合は，地方裁判所，家庭裁判所または簡易裁判所の許可を得た上で，警察とともに家庭内に立ち入ることができる（臨検・捜索）
③児童相談所による 方針決定	・必要な場合は一時保護（２週間から２か月程度） ・継続的支援（在宅支援または代替養育） ※在宅支援の場合，要保護児童対策地域協議会で情報を共有する。

【学校の役割】

　学校および教職員に対して，児童虐待の**早期発見**，虐待の**被害防止**，児童生徒の**安全確保**のために，次のような役割が求められている。

・児童虐待の早期発見のための努力義務
・児童虐待を発見した場合，速やかに福祉事務所または児童相談所へ通告する義務
・虐待の被害を受けた児童生徒に対しての適切な保護
・児童相談所等の関係機関等との連携強化の努力　など

【参考】

　厚生労働省がまとめた令和元年度の児童相談所での児童虐待相談対応件数は約20万件で過去最多。相談内容別では，心理的虐待が最も多く（56.3%），次いで身体的虐待の割合が多い（25.4%）。

コンサルテーション

いじめ問題への対応 対応

問 14歳，中学2年生の女子A。ある日，学校の相談室を訪れてスクールカウンセラーに次のように相談した。部活動で3年生が引退して以降，2年生の女子Bを中心とする数人のグループが，Aを含む特定の生徒に対して毎日のように無視したり，悪口を言ったりする。Aはスクールカウンセラーに「学校へ行くのがつらい」と訴えた後，「私が相談したと言わないでほしい」と頼んだ。

スクールカウンセラーのAへの対応として，最も適切なものを1つ選べ。

① いじめをしたBに謝罪をさせる。

② 自らのいじめ体験を話し，元気づける。

③ Aからいじめの事実関係を詳しく聞く。

④ すぐに担任教師にいじめとして連絡をする。

⑤ いじめの重大事態ではないので，しばらく様子を見る。

(オリジナル問題)

★ ワンポイント解説

いじめ問題については，いじめ防止対策推進法の理解と，チーム学校としていじめ問題へ取り組む姿勢が必要である。

🔒 キーワード

いじめ防止対策推進法 ▶P.228
チーム学校 ▶P.212-213, 228
いじめの重大事態 ▶P.228

① ×
➡ いじめと疑われる出来事が発覚した場合，事実関係を把握し，🔒 チーム学校として組織的に対応することが求められる。単にBに謝罪をさせることでは，問題は解決しない。また，Aの相談が知られることになり，Aからの信頼が失われることになりかねない。（不適切）

② ×
➡ スクールカウンセラーの個人的な体験が，Aの現状の問題解決に当てはまるとは限らない。（不適切）

③ ○
➡ A本人がいじめられていると感じている出来事を，具体的に詳しく聞くことで，まずは事実関係を把握することが大切である。（適切）

④ ×
➡ チーム学校としていじめ対策を行っていくことは必要であるが，まずスクールカウンセラーとして，事実関係を把握し，Aの承諾を得て行うことが望ましい。承諾を得る際は，Aに不利益が及ばないような対応策を行うなどの約束をし，不安を取り除く必要がある。（不適切）

⑤ ×
➡ 🔒 いじめの重大事態に当たらないことは確かではあるが，事実関係を確かめ，いじめの疑いがあれば早期発見・早期対処することが必要である。（不適切）

いじめ

【 いじめ防止対策推進法 】

いじめ防止対策推進法第2条において，いじめとは，学校に在籍する児童また生徒が，一定の人間関係にある他の児童等から心身の苦痛を感じる行為（**インターネット**を通じて行われるものも含む）を受けること，と定義されている。

児童・生徒に対してはいじめを**禁止**し（第4条），**保護者**に対しては，子どもがいじめをしないように**指導する責任**があると規定している（第9条）。

■ 学校の対処方法

学校は，いじめの防止等に関する措置を実効的に行うため，複数の教職員，心理・福祉等の専門家その他の関係者により構成される組織を置くことと規定されている（第22条）。

【チーム学校】

児童・生徒の問題解決や支援のため，校長を中心として，教職員の指導体制とともに，専門スタッフであるスクールカウンセラーやソーシャルワーカーとの連携や，地域社会からの協力も含めて，学校全体として取り組むあり方をいう。

■ いじめの重大事態

いじめの重大事態とは以下の2つの場合をいう（第28条）。

①いじめにより当該学校に在籍する児童等の生命，心身または財産に重大な被害が生じた疑いがあると認めるとき

②いじめにより当該学校に在籍する児童等が相当の期間学校を欠席することを余儀なくされている疑いがあると認めるとき

③ 懲戒と出席停止

いじめ加害者に対して，校長および教員による懲戒を加えること，教育委員会による出席停止を命ずることが認められている。

懲戒	**【学校教育法第11条】** 校長および教員が行う。 ・体罰→いかなる場合も禁止 ・退学→校長が命じる。 　（ただし，公立の義務教育学校では退学は認められない。） ・停学（いわゆる登校禁止）→校長が命じる。 　（義務教育では，公立私立問わず停学は命じてはならない。）
出席停止	**【学校教育法第35条第1項】** 教育委員会がその保護者に対して命じる（他の子どもたちの教育を受ける権利を守るための措置）。 ・保護者の意見を聴取するとともに，理由及び期間を記載した文書を交付しなければならない。 ・出席停止中の学習の支援にも対応する。 ［出席停止の適用要件］ ①性行不良（他の児童生徒に心身の苦痛を与える行為などを繰り返し行う） ②他の児童生徒の教育の妨げとなっている

※インフルエンザ等の感染症と診断された場合の出席停止は学校保健安全法第19条によるものである。

いじめ

少年事件の手続き 知識

問 15歳の男子A，中学3年生。Aは，中学1年生後半頃から学校に行くことが少なくなり，他校の中学生の友人たちと夜遅くまで繁華街で遊んでいることが多くなった。ほとんど自宅には帰っておらず，友人宅などを転々としているとのことであった。ある日，Aは駅近くに止めてあった原付バイクを盗み，無免許運転で暴走していたところ，交通違反を起こして警察に逮捕された。

Aの今後の経過として適切なものを2つ選べ。

① まずは検察官に送致される。

② 少年院送致になることはない。

③ まずは児童相談所に送致される。

④ 家庭裁判所の審判で保護観察になることもある。

⑤ 家庭裁判所を経由せず，地方裁判所で刑事裁判を受ける。

(オリジナル問題)

★ ワンポイント解説

少年事件は，触法少年か犯罪少年かによってプロセスが異なる。

🔒 キーワード

少年事件の手続き ▶P.232-233

少年院送致 ▶P.232-233

児童相談所 ▶P.232-233

家庭裁判所 ▶P.233

年齢によってどのような手続きとなるのか，また，どのような処遇が可能なのかを理解しましょう。

答え ①,④

① ○
➡ 14歳以上の場合は，犯罪少年として扱われるので，まずは検察官に送致され，その後家庭裁判所に送致される。これを全件送致主義と呼ぶ。（適切）

....

② ✕
➡ 🔒 家庭裁判所の審判の一つに少年院送致がある。少年院送致は概ね12歳以上から可能であるため，15歳のAは少年院送致となる可能性もある。（不適切）

....

③ ✕
➡ 事件発生後，まず児童相談所に送致されるのは，14歳未満の触法少年である。15歳のAは触法少年ではなく犯罪少年であるため，児童相談所ではなく検察官に送致される。（不適切）

....

④ ○
➡ 家庭裁判所の審判において，保護処分の一つに保護観察がある。したがって，Aが保護観察という審判を受ける可能性はある。（適切）

....

⑤ ✕
➡ 犯罪少年が重い犯罪を犯し，刑事罰が相当と思われる場合であっても，まずは家庭裁判所に送致される。犯罪少年が地方裁判所などで刑事裁判を受ける場合は，まず最初に家庭裁判所にて検察官送致という審判を受けてから，検察官によって地方裁判所などでの刑事裁判を行うかどうかが決定される。（不適切）

少年非行

!｜難易度 ★★★

【 非行少年の区分 】

少年法（2022年改正）による区分は以下のとおりである。

犯罪少年	14歳以上20歳未満で犯罪を犯した少年。刑事責任能力はあるとされる。
触法少年	14歳未満で法に触れる行為をした少年。刑事責任能力はないとされる。
虞犯少年	犯罪を犯すおそれのある18歳未満の少年。
特定少年	犯罪少年のうち，18歳，19歳の少年。

※特定少年は，①虞犯の対象外となる(虞犯少年は18歳未満まで)，②原則逆送対象事件が拡大される（死刑，無期または短期1年以上の懲役・禁錮に当たる罪の事件を犯した場合も逆送となる），③刑事事件として起訴された場合の実名報道が解禁される，といった取り扱いがなされる。

【 少年事件の手続きのポイント（次ページ図参照） 】

①犯罪少年はまず検察庁へ，触法少年は最初に児童相談所へ送致。

②少年犯罪において，犯罪少年は検察庁から家庭裁判所へ送致される。これを全件送致主義と呼ぶ。ただし，触法少年は児童相談所の判断により必ずしも家庭裁判所に送致されるとは限らない。

③少年院は概ね12歳以上から送致が可能。

④16歳以上で故意に被害者を死なせた場合は，原則として審判は検察官送致となる。

⑤児童自立支援施設への入所措置は，児童相談所の措置として行われることも，家庭裁判所の審判で送致することも可能である。ただし，児童相談所の措置として児童自立支援施設への入所措置を取る場合は，親権者の同意が必要。

犯罪少年
（14歳以上20歳未満）

触法少年（14歳未満）

虞犯少年（18歳未満）

検察庁へ送致

　検察官は事件を捜査し、事件記録を家庭裁判所に送る。少年事件では犯罪の疑いがある限り、すべての事件を家庭裁判所に送る（**全件送致主義**）。

児童相談所へ送致

　14歳未満の場合、最初に児相による処遇の判断がなされる。児相による判断には、①助言・指導、②児童自立支援施設入所措置、③家庭裁判所への送致がある。③と判断された場合のみ家裁へ送致。

家庭裁判所へ送致

【調査】家庭裁判所調査官によって、少年の性格、日頃の行動、生育歴、環境などについての調査が行われる。この間、家裁の判断により鑑別や観護措置が必要と判断された場合、**少年鑑別所**に送致される。

【審判】少年事件の審判は原則**非公開**。処分には主に以下の6つがある（②③④を保護処分と呼ぶ）。

①不処分…特に制限なく通常どおりの生活ができる。

②保護観察…保護観察所の指導の下で更生をはかる。

③児童自立支援施設送致…児童自立支援施設において、生活指導等を要する児童が入所し、必要な指導を受ける。入所対象者は原則18歳まで。

④少年院送致…少年院に収容され矯正教育を受ける。

⑤検察官送致…少年が重大な犯罪を犯した場合（特定少年を含む）や審判時に20歳以上に達した場合、事件を再び検察官に送り（逆送）、成人の刑事事件と同様の手続きで進む。

⑥児童相談所長等送致…児童福祉機関の指導にゆだねるのが適当と認められる場合、知事または児童相談所長に送致される。

少年非行

問 21歳の男性A。Aは実母Bと二人暮らしであった。ひきこもりがちの無職生活を送っていたが，インターネットで知り合った人物から覚醒剤を購入し，使用したことが発覚して有罪判決となった。初犯であり，BがAを支える旨を陳述したことから保護観察付執行猶予となった。

保護観察官がAに対して行う処遇の在り方として，最も適切なものを1つ選べ。

① 自助の責任を踏まえつつ，Aへの補導援護を行う。

② Bに面接を行うことにより，Aの行状の把握に努める。

③ Aが一般遵守事項や特別遵守事項を遵守するよう，Bに指導監督を依頼する。

④ 改善更生の在り方に問題があっても，Aに対する特別遵守事項を変更することはできない。

⑤ 就労・覚醒剤に関する特別遵守事項が遵守されない場合，Aへの補導援護を行うことはできない。

(2020年試験 問67)

★ **ワンポイント解説**

専門用語の意味や制度の流れを理解し，事例の状況をイメージできるようになること。

🔒 **キーワード**

更生保護 ▶P.236
保護観察 ▶P.236-237

司法・犯罪分野の法律や制度は，その領域に関わらない受験生にとっては馴染みにくく，初見では解きづらい可能性があります。

① ○
→ 🔒 更生保護の目的は，犯罪者や非行少年が社会の中で自立し，健全で安定した生活を再び送ることができるように，自発的な改善更生や社会復帰を目指すことであり，保護観察対象者の**自助努力**を前提とした更生援助活動を行う。（適切）

. . . .

② ×
→ 基本的に，保護観察官や保護司が保護観察対象者に直接面接を行い，普段の生活状況などの行状を把握する。（不適切）

. . . .

③ ×
→ 🔒 保護観察では，保護観察官と保護司が協働して，保護観察対象者に指導監督および補導援護を行うため，実母であるBに指導監督を依頼することはない。（不適切）

. . . .

④ ×
→ 保護観察所長は，保護観察開始後に保護観察付執行猶予者に対しての特別遵守事項の設定，変更を行う場合は，裁判所の意見に基づき，実施することができる。（不適切）

. . . .

⑤ ×
→ 特別遵守事項を遵守しない場合，その情状に応じて保護観察の処遇が判断されるため，一概に補導援護を行わないわけではない。（不適切）

【 更生保護 】

更生保護とは，犯罪をした人や非行のある少年が社会で自立するための指導や支援の実施と，一般社会の犯罪予防活動を行うことである。更生保護には以下のような種類がある。

保護観察	犯罪をした人や非行のある少年が，社会で健全で安定した生活を送るために，更生改善ができるように指導や援助を行うこと。
応急の救護等及び更生緊急保護	保護観察対象者や，刑事上の手続き等による身体の拘束を解かれた人に，食事の給与や医療，帰住の援助などをし，社会生活を営むために更生改善を行うための適切な環境を用意すること。
仮釈放・少年院からの仮退院等	刑事施設や少年院などの矯正施設に収容されている人を収容期間満了前に仮に釈放させ，更生の機会を提供すること。
生活環境の調整	矯正施設に収容中に，対象者の釈放後の住居や就業先などの帰住環境を調査し適切な環境調整を行い，仮釈放等の審理資料や矯正処遇，仮釈放などの保護観察に活用すること。
恩赦	行政権により国家刑罰権を消滅，または軽減させる制度のこと。
犯罪予防活動	犯罪をした人や非行のある少年の改善更生について地域社会の理解を求める活動や，地域の犯罪や非行を未然に防ぐ取り組みを行うこと。

【 保護観察 】

保護観察とは，罪を犯した人や非行をした少年に，保護観察官と保護司が協働しながら指導監督と補導援護を行い，社会での更生を目指す制度である。保護観察対象者は，刑事施

設や少年院などの矯正施設ではなく，社会の構成員として活動し，改善更生と自立を図る（社会内処遇）。

保護観察官	心理学，教育学，福祉，社会学などの更生保護に関する専門的知識を用いて，保護観察を行う国家公務員
保護司	保護観察対象者の再起を地域で支えるボランティア

【 保護観察の対象者 】

保護観察の対象者は，以下の計5種である。

号種	保護観察対象者	保護観察の期間
1号観察	保護観察処分少年	20歳まで，または2年間
2号観察	少年院仮退院者	20歳に達するまで（原則）
3号観察	仮釈放者	残刑期間
4号観察	保護観察付執行猶予者	執行猶予の期間
5号観察	婦人補導院仮退院者	補導処分の残期間

【 保護観察の流れ 】

保護観察対象者は改善更生の可能性の程度（処遇の困難性）に応じて接触頻度や方法が設定され，守るべき行為規範（一般遵守事項，特別遵守事項，生活行動指針）が定められる。

指導監督業務として，定期的な面接などにより，対象者の生活状況の把握，一般遵守事項や特別遵守事項，生活行動指針を守るために必要な指示措置を行う。また，薬物などの特定の犯罪的傾向の改善を目的としたプログラム（専門的処遇）も行っている。また，補導援護業務として，適切な住居等の検討，帰住するための支援や，医療・療養，就職などの支援，生活環境の改善や調整，生活指導がある。

更生保護

パワーハラスメント 知識

問 44歳の男性A。「部下をまとめられない」と社内健康管理室の公認心理師を訪れた。2か月前，Aは課長に昇進し，地方営業所から15年ぶりに本社へ戻った。現部署に6年いる係長は，Aが仕事のことで質問すると「自分で調べてくださいよ」と言い，Aが業務に手こずっていると「早く指示してください」と急かしてくる。Aが職場に来ると部下たちの会話が止まるので，出勤が億劫になった。夜も仕事のことを考えてなかなか寝つけない。さらに，ある日部長から身に覚えがない仕事のことで褒められたので係長に確認すると，「その仕事は僕がやっておきました。Aさんを通すより早いので」と言われた。Aは「力が抜けてしまった。どうしていいかわからない」と言っている。

公認心理師の対応として，最も適切なものを1つ選べ。

① 現状は部下からの期待の裏返しなので，Aが部下から何を望まれているのかを話し合う。

② 係長や部下に毅然とした態度で対応するよう勧める。

③ Aのこれまでの努力を傾聴し，部長や人事部に相談した上で医療機関を受診するよう勧める。

④ Aの状況を中年期危機と見立て，発達課題の観点からこれまでのAのキャリアを振り返る。

⑤ 部下のマネジメントに役立つ資料を紹介する。

(オリジナル問題)

★ ワンポイント解説

パワーハラスメントの定義とその対応に関する理解が必要。部下による上司へのパワハラも存在する。

🔓 キーワード

パワーハラスメント（パワハラ）▶P.240

改正労働施策総合推進法（パワハラ防止法）▶P.241

① ✕

・Aが職場に来ると部下たちの会話が止まる

・「その仕事は僕がやっておきました。Aさんを通すより早いので」

➡ 現状がAへの期待の裏返しであるとは断定できない。また、上記のような言動は 🔒 **パワーハラスメント**の類型「**人間関係からの切り離し**」に該当する。(不適切)

------

② ✕

・夜も仕事のことを考えてなかなか寝つけない

・「力が抜けてしまった。どうしていいかわからない」と言っている

➡ 精神的に疲弊しているAは、毅然とした対応を行った時の部下の反応やその後の人間関係に**不安や恐怖**を感じる可能性が高く、現実的な助言とはいえない。(不適切)

------

③ ◯

➡ まずはAの話を丁寧に聴き取り、これまでの業務や努力を**支持する**必要がある。また、パワーハラスメントを受けている可能性があることを指摘し、上司や人事への相談を視野に入れながら対応するべきである。(適切)

------

④ ✕

➡ Aの来談に至る経緯や原因に年齢的要因や生涯発達、組織における役割の転換などが含まれる可能性はあるが、まずはAへの**理解や支持**が優先される。(不適切)

------

⑤ ✕

➡ 睡眠障害や抑うつが疑われるAに対して資料等の紹介は精神的負荷をかけ、かえって**自責感情**を高めて症状悪化につながる可能性がある。(不適切)

パワーハラスメント

【パワーハラスメント】

パワーハラスメントは，岡田康子が労働相談を行う中で概念化した和製英語である。その後さまざまな検討を経て，2018年に厚生労働省によって以下のように定義された。

> **パワーハラスメントの定義**
>
> 職場において行われる，以下の❶～❸の要素をすべて満たすもの。
>
> ❶優越的な関係を背景とした言動であり，
>
> ❷業務上必要かつ相当な範囲を超えたものにより，
>
> ❸労働者の就業環境が害されるもの

また，パワーハラスメントは以下の6類型に分けられる。

類型	例
①身体的な攻撃	・殴打や足蹴　・相手に物を投げつける
②精神的な攻撃	・人格を否定するような言動 ・必要以上に長く厳しい叱責や，他の労働者の前での大声で威圧的な叱責を繰り返す
③人間関係からの切り離し	・特定の労働者を仕事から外し，長期間別室に隔離したり自宅研修をさせたりする ・同僚が集団で無視をし，職場で孤立させる
④過大な要求	・新人に必要な教育を行わずに過度な業績目標を課し，達成できないと厳しく叱責する ・私的な雑用の処理を強制的に行わせる
⑤過小な要求	・退職させるため，誰でもできる業務をさせる ・嫌がらせのために仕事を与えない
⑥個の侵害	・職場外での監視　・私物の写真撮影 ・機微な個人情報の暴露

【改正労働施策総合推進法（パワハラ防止法）】

2020年6月施行。事業主に雇用管理上必要な措置を講じることを義務づけた（中小企業は2022年4月1日から義務化）。

1 事業主が講ずべき措置

事業主の方針等の明確化及びその周知・啓発
- 職場におけるパワハラの内容・パワハラを行ってはならない旨の方針を明確化し，労働者に周知・啓発すること
- 行為者について，厳正に対処する旨の方針・対処の内容を就業規則等の文書に規定し，労働者に周知・啓発すること

相談に応じ，適切に対応するために必要な体制の整備
- 相談窓口をあらかじめ定め，労働者に周知すること
- 相談窓口担当者が，相談内容や状況に応じ，適切に対応できるようにすること

職場におけるパワーハラスメントに係る事後の迅速かつ適切な対応
- 事実関係を迅速かつ正確に確認すること
- 速やかに被害者に対する配慮のための措置を適正に行うこと[1]
- 事実関係の確認後，行為者に対する措置を適正に行うこと[1]
- 再発防止に向けた措置を講ずること[2]

（[1] 事実確認ができた場合　[2] 事実確認ができなかった場合も同様）

そのほか併せて講ずべき措置
- 相談者・行為者等のプライバシー[3]を保護するために必要な措置を講じ，その旨労働者に周知すること

（[3] 性的指向・性自認や病歴，不妊治療等の機微な個人情報も含む）

- 相談したこと等を理由として，解雇その他不利益な取扱いをされない旨を定め，労働者に周知・啓発すること

2 不利益な取扱いの禁止

事業主は，労働者がパワハラについての相談を行ったことや，パワハラ相談への対応措置に協力して事実を述べたことを理由として，その労働者に対して解雇などの**不利益な取扱い**をしてはならない（第30条の2）。

ストレスチェック制度 対応

問 55歳の男性A。従業員20名の企業の社長（事業者）である。職場で精神疾患による休職者が多発し，対応に苦慮している。ストレスチェック制度を活用することで，これ以上の休職者が出ないようにしたいと，相談室の公認心理師Bに相談に来た。Bは必要な研修を修了し，産業医とともに，ストレスチェックの共同実施者となっている。

Aの相談に対するBの対応について，<u>不適切なもの</u>を1つ選べ。

① Aに職場の集団分析結果を提供し，必要な対応を協議する。

② Aに未受検者のリストを提供し，未受検者に受検の勧奨を行うよう助言する。

③ 面接指導の実施日時について，Aと従業員とが情報を共有できるよう助言する。

④ Aに面接指導を受けていない者のリストを提供し，面接指導を受けるように勧奨するよう勧める。

⑤ 面接指導を実施した医師から，Aが就業上の措置の必要性及び措置の内容について意見聴取するよう助言する。

(2018年追試 問147)

★ ワンポイント解説

事業者側と労働者側に「どのような義務が，誰に課されているのか」を押さえる必要がある。

🔒 キーワード

ストレスチェック制度 ▶P.244
集団分析 ▶P.245

答え ④

① ✕

➡ **ⓗ 集団分析**は努力義務であるが，その結果は，労働者（集団）の心理的負担を軽減するために活用することができる。また，公認心理師も含めた専門職から措置に関する意見や助言を受けることが望ましいとされている。（適切）

② ✕

➡ 事業者であるＡはストレスチェック受検者リストを入手し（労働者の同意は**不要**），未受検者に受検を**勧める**ことができる。ただし，受検を強要してはならない。（適切）

③ ✕

➡ 労働者が面接指導を希望する申出は，**書面または電子メール**等で行い，事業者はその記録を残すことが決められている。また，事業者は面接指導の結果の記録（実施年月日を含む）を残さなければならない。（適切）

④ ○

➡ 実施者から事業者に面接指導を受けていない労働者のリストを提供することは，その労働者が高**ストレス者**であることを労働者の意思を確認せずに事業者に知らせることになるので，不適切である。（不適切）

⑤ ✕

➡ 事業者は，面接指導を受けた労働者に必要な措置のために，概ね１か月以内に医師の意見を聴かなければならない。（適切）

ストレスチェック

【 ストレスチェック制度 】

2014年の労働安全衛生法（第66条の10第1項）の改正によって定められた制度である。労働者が受検によって不利益を被ることがないような対応が求められるため、「事業者（実施者）側によるプライバシーへの十分な配慮」などについてどのように規定されているのかを理解しておく必要がある。

1　ストレスチェックの目的

この制度の労働者にとっての目的は、**一次予防（メンタルヘルス不調の未然防止）**である。なお、ストレスチェックにおける「事業者」「実施者」「実施事務従事者」については以下のとおりである。

事業者	事業を行い、労働者を使用する者 法人企業⇒法人　個人企業⇒事業経営主
実施者	ストレスチェックを実施する者 ・医師　　・保健師 ・厚生労働大臣が定める研修を修了した看護師、精神保健福祉士、歯科医師、公認心理師
実施事務従事者	実施者の指示により、ストレスチェック実施の事務（個人データ入力、結果の出力または保存等）に携わる者

※社長（事業者）や専務、人事部長など、労働者に対する人事権（解雇・昇進・異動など）を持つ者は、実施事務従事者にはなれない（個人データ閲覧不可）。

2　事業主の義務

常時雇用する従業員が50名以上の職場の事業者には、次の義務がある（50名以下の職場については当面、努力義務）。

> ・常時雇用している労働者に対して，心理的な負担の程度
> を把握するためのストレスチェックを実施する
> ・検査結果から，労働者から申出があれば，医師による面
> 接指導を実施する
> ・面接指導の結果から，労働者に対して必要に応じて就業
> 上の措置を講じる

③ 集団分析

集団分析とは，労働者が所属する部署のストレスチェック
データを分析することである。職場環境の改善など，労働者
の心理的な負荷を軽減するための措置を講ずるために実施さ
れる（**努力義務**）。集団分析では，個人が特定されるおそれ
があるので，原則10名以上の集団を分析対象とする。

④ プライバシー保護・不利益な取扱いの禁止

労働者のストレスチェックの結果は重大な個人情報であ
る。実施者および実施事務従事者は，ストレスチェック・面
接指導の実施に関して知り得た秘密を漏らしてはならない。
事業者も，ストレスチェックに関する労働者の秘密を不正に
入手してはならない。

また，事業者には以下のことが禁止されている。

> ❶以下のことを理由とした労働者に対する不利益な取扱い
> 　・医師による面接指導を希望したこと
> 　・ストレスチェックを受けないこと
> 　・ストレスチェック結果の事業者への提供に同意しないこと
> 　・医師による面接指導の申出を行わないこと
> ❷面接指導の結果を理由として，解雇，雇い止め，退職勧奨，
> 　不当な動機・目的による配置転換や職位の変更を行うこと

職場復帰支援

問 35歳の男性A，会社員。うつ病の診断で休職中である。抑うつ感は改善したが，まだ夜間よく眠れず，朝起きづらく，昼間に眠気がある。通院している病院に勤務する公認心理師がAと面接を行っていたところ，Aは「主治医には伝えていないが，同僚に取り残される不安があり，早々に復職をしたい。職場に行けば，昼間は起きていられると思う」と話した。

このときの公認心理師の対応として，適切なものを<u>2つ</u>選べ。

① 試し出勤制度を利用するよう助言する。

② まだ復職ができるほど十分に回復していないことを説明する。

③ Aに早々に復職したいという焦る気持ちがあることを受け止める。

④ 同僚に取り残される不安については，これを否定して安心させる。

⑤ 主治医に職場復帰可能とする診断書を作成してもらうよう助言する。 (2019年試験 問154)

★ ワンポイント解説

Aが回復しているかどうか判断する。また，「心の健康問題により休業した労働者の職場復帰支援の手引き」の内容を確認する。

🔒 キーワード

「心の健康問題により休業した労働者の職場復帰支援の手引き」(以下，「手引き」)
▶P.248-249

Aさんの状態は，「手引き」の職場復帰支援の流れにおける「第1ステップ」の段階です。

解答・解説

答え ②, ③

① ✕

・まだ夜間よく眠れず, 朝起きづらく, 昼間に眠気がある
・「主治医には伝えていないが……, 早々に復職をしたい」

➡ 睡眠障害が認められることから, Ａの病状の回復は不十分である。また, 試し出勤制度は復帰の意思を主治医と職場に伝えた後に検討されるものであるため, 現時点での導入は不適切である。(不適切)

・・

② ◯

➡ 睡眠状態が改善していないことや, 現状で自らに負担をかけると病状悪化のリスクがあることなどを説明する。こうした説明は医師の役割であると考えられるかもしれないが, ①④⑤が明確に不適切であることから, 消去法で②が適切と考えることができる。(適切)

・・

③ ◯

「同僚に取り残される不安があり, 早々に復職をしたい」

➡ 療養期間中, 職場復帰への焦りを感じるのは当然のことである。不安を否定したり安易な気休めを言ったりせず, その気持ちを受けとめる対応が大切である。(適切)

・・

④ ✕

➡ 根拠なくＡの不安を否定しても安心にはつながらず, かえってＡからの不信感を招くこともあり得る。(不適切)

・・

⑤ ✕

➡ Ａの病状回復は不十分である。また, 職場復帰可能の診断書は主治医の判断で作成される。(不適切)

【 心の健康問題により休業した労働者の職場復帰支援の手引き 】

メンタルヘルス不調により休業した労働者の円滑な職場復帰を促進するため，事業場（会社や職場）向けマニュアルとして**厚生労働省**が作成した。各事業場で「**職場復帰支援プログラム**」を策定し，休業した労働者への支援内容として「**職場復帰支援プラン**」を作成することなどが盛り込まれている。

■ 職場復帰支援の流れ

第1ステップ　病気休業開始及び休業中のケア
- 労働者からの診断書の提出
- 管理監督者（上司）及び職場内専門家によるケア
- 労働者が安心して療養に専念できるようにするための対応

第2ステップ　主治医による職場復帰可能の判断
- 労働者からの職場復帰の意思表示
- 主治医作成の診断書（「職場復帰可能」の判断）提出
- 産業医等による精査　・職場から主治医への情報提供

第3ステップ　職場復帰の可否の判断及び職場復帰支援プランの作成
- 情報の収集と評価　・職場復帰の可否についての判断
- 職場復帰支援プランの作成

第4ステップ　最終的な職場復帰の決定
- 労働者の状態の最終確認
- 就業上の配慮等に関する意見書の作成
- 事業者による最終的な職場復帰の決定

職場復帰

第5ステップ　職場復帰後のフォローアップ
- 疾患の再発，新しい問題発生等の有無の確認
- 勤務状況，業務遂行能力の評価

・職場復帰支援プランの評価と見直し
・職場環境等の改善等　・管理監督者，同僚等への配慮等

② 職場復帰可否の判断基準

個々のケースに応じて総合的な判断が必要であるが，「手引き」では以下の判断基準を例示している。

> ・労働者が十分な意欲を示している
> ・通勤時間帯に一人で安全に通勤ができる
> ・決まった勤務日，時間に就労が継続して可能である
> ・事務に必要な作業ができる
> ・作業による疲労が翌日までに十分回復する　　など

③ 試し出勤制度

正式な職場復帰の前に**試し出勤制度**を設けることが**推奨**されている（義務ではない）。労働者にとっては，出勤することや職場で過ごすことに慣れることで**不安を軽減**できるという意義がある。また，受け入れ側の職場にとっても，職場復帰の可否の判断材料や復職後の仕事の与え方の参考となる。

導入に当たっては，（通勤等の）災害発生時の対応や人事労務上の位置づけ等について労働者と職場との間で十分に検討し，ルールを定めておく必要がある。

試し出勤制度等の例として，以下のものがある。

①模擬出勤	勤務時間帯にデイケアなどで模擬的な軽作業を行ったり，図書館などで時間を過ごす。
②通勤訓練	自宅から勤務職場の近くまで通勤経路で移動し，職場付近で一定時間を過ごしてから帰宅する。
③試し出勤	職場復帰の判断等を目的として，本来の職場などに試験的に一定期間継続して出勤する。

長時間労働によるうつ傾向 対応

問 27歳の女性A，会社員。3年前から大きなプロジェクトの一員となり，連日深夜までの勤務が続いていた。気分が沈むため少し休みたいと上司に申し出たところ，認められなかった。徐々に不眠と食欲不振が出現し，出勤できなくなった。1週間自宅にいたが改善しないため，精神科を受診した。自責感，卑小感及び抑うつ気分を認め，Aに対して薬物療法が開始され，主治医は院内の公認心理師に面接を依頼した。

Aへの公認心理師の言葉として，最も適切なものを1つ選べ。

① 趣味で気晴らしをしてみましょう。

② 労働災害の認定を申請してはどうですか。

③ 自分のことを責める必要はないと思います。

④ 他の部署への異動を願い出てはどうですか。

⑤ 私が代わりに労働基準監督署に連絡しましょう。

(2018年追試 問59)

★ **ワンポイント解説**

精神疾患の基礎知識に加え，産業領域における労働災害等のルールや諸手続き，心理職とクライエントの負うべき責任の領域などを知っておこう。

🔒 **キーワード**

過重労働 ▶P.252
精神障害の労災認定要件
▶P.252-253

Aさんは「うつ病」あるいは「抑うつ状態」と考えるのが妥当です。

解答・解説 　　　　　答え ③

① ×

・気分が沈むため少し休みたい
・不眠と食欲不振が出現し
・自責感，卑小感及び抑うつ気分を認め

➡ うつ病または抑うつ状態と考えられる。治療開始初期においては服薬と休養が重要であり，気晴らしのようなアプローチは「気晴らしできない自分」を責めたり，疲労の増加につながったりする可能性がある。（不適切）

② ×

➡ 設問中に具体的な残業時間の記述はなく，労働災害認定申請が妥当か判断できない。仮に労働災害に相当する事実があったとしても，現時点でAに負担をかけるような提案を公認心理師から行うべきではない。（不適切）

③ ○

➡ Aの「自責感」と「卑小感」に対して，本人の価値や自尊心を保証するような心理的アプローチは妥当といえる。（適切）

④ ×

➡ 環境の変化に適応するための負荷が加わることや，異動することで自責感・卑小感が強くなるリスクがあることから，積極的には勧められない。（不適切）

⑤ ×

➡ 労働災害であるかどうかは②の解説のとおり。また，Aが本来行うべき行為を公認心理師が代行するような提案はすべきでない。（不適切）

【 過重労働と三六協定 】

労働基準法では，1日8時間，週40時間を法定労働時間としているが，雇用者が労働者に法定労働時間以上の労働を命じるときには書面による協定（三六〈さぶろく〉協定）を結び，労働基準監督署に届ける義務がある。

なお，三六協定は，労働基準法第36条に基づいていることからこのように呼ばれている。

また，過労死等防止対策推進法では，過労死（等）について定義しているので，その内容も確認しておきたい（P.256参照）。

【 精神障害の労災認定要件 】

精神障害による労災認定要件として，以下の3つを満たしている必要がある。

---

❶認定基準の対象となる精神障害の発病
❷認定基準の対象となる精神障害の発病前概ね6か月の間に，業務による強い心理的負荷が認められる
❸業務以外の心理的負荷や個体的要因によっての発病ではない

---

1 対象となる精神障害

ICD-10第5章「精神および行動の障害」に分類される精神障害。代表的なものは「うつ病」や「急性ストレス反応」。認知症・頭部外傷などによる障害，アルコールや薬物による障害は除外される。

2 業務による強い心理的負荷

「業務による心理的負荷評価表」を用い，労働基準監督署が「強」と判断すれば認定要件が満たされる。

3 業務以外の心理的負荷

業務以外の心理的負荷は，①自分の出来事，②自分以外の家族・親族の出来事，③金銭関係，④事件・事故・災害の体験，⑤住環境の変化，⑥他人との人間関係，から評価される。

【働き方改革（働き方改革関連法／2019年〜順次施行）】

働く人々が個々の事情に応じた多様で柔軟な働き方を自分で「選択」できるよう，「長時間労働の是正」「雇用形態にかかわらない公正な待遇の確保」などを目指した法律制定・改正である。主な内容は以下のとおりである。

---

❶長時間労働の是正，多様で柔軟な働き方の実現等

労働時間に関する制度見直し（労働基準法，労働安全衛生法），勤務間インターバル制度の普及促進等（労働時間等設定改善法），産業医・産業保健機能の強化（労働安全衛生法等）

❷雇用形態にかかわらない公正な待遇の確保

不合理な待遇差の禁止（パートタイム労働法，労働契約法，労働者派遣法），労働者に対する待遇に関する説明義務の強化（パートタイム労働法，労働契約法，労働者派遣法），行政による履行確保措置及び裁判外紛争解決手続（行政ADR）の整備

過労死対策

問 40歳の男性A，会社員。Aは，製造業の商品企画部で商品の企画や構想を行っている。3か月前から，新商品開発のチームリーダーを初めて任され，メンバーのマネジメントやスケジュール管理も含めて，業務を中心的に進めなければならず，一気に仕事量が増加した。時間内では業務が終わらず，前月の時間外労働は100時間を超えた。人事部から配布された疲労蓄積度自己診断チェックリストに回答したところ，疲労の蓄積が認められるという判定を受けたため，健康管理室に来室し，公認心理師と面談した。Aは「深夜早朝勤務が続き，睡眠不足と疲労で仕事に集中できず，業務に支障が出始めている。チームリーダーとして重荷を感じ，仕事を続けることへの自信がない」と話している。

　このとき，Aへの対応として最も優先されるものを1つ選べ。

① 積極的に傾聴し，あまり仕事のことを気にしないよう，Aに助言する。

② Aの上司に連絡して，チームリーダーから外してもらう。

③ 産業医との面接を勧める。

④ 面談内容に基づき，Aに休職を勧告する。

⑤ 急性のストレス反応であるため，秘密保持義務を遵守してAの定期的な観察を続ける。（オリジナル問題）

★ ワンポイント解説

公認心理師として，労働安全衛生，過労死に関する法律と支援方法を把握しておこう。

🔒 キーワード

過労死 ▶P.256

過労死ライン ▶P.256

労働基準法 ▶P.256-257

労働安全衛生法 ▶P.257

解答・解説

答え ③

① ×

・睡眠不足と疲労で仕事に集中できず,業務に支障が出始めている

・重荷を感じ,仕事を続けることへの自信がない

➡ 業務に関するストレスにより,Ａには身体的・精神的不調の様子がみられる。公認心理師による心理的ケアだけでは十分な支援になり得ない。(不適切)

....

② ×

➡ 🔒 労働安全衛生法により,労働環境の指導は産業医の指示のもとに行うことが一般的である。そのため,Ａの不調に関するアセスメントと対応を行うことが求められ,産業医との面接が優先される。(不適切)

....

③ ○

➡ 疲労蓄積度自己診断チェックリストの結果や面接内容から,Ａは高ストレス者と考えられる。**労働安全衛生法**では,高ストレス者は,本人の申し出により**産業医**が面接指導を行うことが定められている。(適切)

....

④ ×

➡ 休職の判断は公認心理師ではなく**医師**が行う。(不適切)

....

⑤ ×

➡ このような対応では職場環境は改善されないため,Ａの状態が悪化する可能性がある。Ａに秘密保持についての了解を得た上で,**産業医**との面接につなげ,労働安全衛生法に基づき産業医の指示のもとで必要に応じて就業上の措置を取ることが求められる。(不適切)

【過労死】

　過労死とは，仕事の過労やストレスが原因となって，心疾患や脳血管疾患，精神疾患を発症し，死亡することをいう。2014年に制定された**過労死等防止対策推進法**による過労死等の定義は，以下のとおりである。

> ・業務における過重な負荷による脳血管疾患[※1]・心臓疾患[※2]を原因とする死亡
> ・業務における強い心理的負荷による精神障害を原因とする自殺による死亡
> ・死亡には至らないが，これらの脳血管疾患・心臓疾患，精神障害
>
> ※1　脳出血・くも膜下出血・脳梗塞・高血圧性脳症
> ※2　心筋梗塞・狭心症・心停止（心臓性突然死を含む）・解離性大動脈瘤

【過労死ライン】

　長時間にわたる疲労の蓄積やストレスにより，心疾患や脳血管疾患，精神疾患のリスクを高めるとされる労働時間を「**過労死ライン**」と呼ぶ。過労死ラインは，直近2か月から6か月の場合は平均80時間，1か月の場合は100時間が一つの基準である。

【過重労働】

　時間外労働が**労働基準法**に定められた基準よりも大幅に超えている状態である。労働時間は，**労働基準法**にて「1日8時間，週に40時間以内」が原則となっているが，労働基準監督署への届け出によって，時間外労働時間は「1か月45時間，1年間360時間」に延長できる（三六協定　P.252

参照）。しかし，2019年4月に働き方改革関連法により法律が改正され，時間外労働時間の上限と制限が設けられた。

【労働基準法改正のポイント】
・時間外労働は原則として，「1か月45時間，1年間360時間」を超えることができない
・特別条項でも，「時間外労働は1年間720時間以内，時間外労働＋休日労働は月100時間未満，2〜6か月平均は80時間以内」の範囲に収める必要がある
・時間外労働が月45時間以上を超えられるのは，年6か月まで

【 長時間労働者への対策 】

　労働安全衛生法では，事業者に労働時間の状況の把握や医師，保健師等によるストレスチェックの実施と面接指導，また長時間労働者（時間外・休日労働時間が1か月当たり80時間を超え，かつ疲労の蓄積が認められる労働者）に対する面接指導を行うことを義務づけている。

　面接指導には，対象者の申出が必要となる。ストレスチェック実施から面接指導までの流れは，以下のとおりである。

面接指導対象者 → ストレスチェック実施者が面接指導を申し出るよう奨励 → 労働者から事業者に面接指導の申出 → 事業者から医師へ面接指導実施の依頼 → 医師による面接指導の実施 → 医師からの意見聴取と必要に応じて就業上の措置実施

発達障害

問 9歳の男児A，小学3年生。Aと保護者は，学校からの紹介で心理相談室に来室した。小学校入学後から，Aは忘れ物が多く，授業中にたびたび離席をするため，担任から叱責されることが多かった。コミュニケーションが苦手で，集団活動では唐突に関係のない話題を話し出すなど，他児と協同して作業をすることに難しさがあるようだった。また，休み時間は一人で過ごすことがほとんどで，他児と関わりたくても周囲から距離を取られることが多いようであった。小学3年生になると，Aは授業の進行を妨害するような激しい言動をとったり，「誰もわかってくれない」と落ち込み，次第に登校を渋るようになっていった。WISC-IVの結果は，全検査IQ88，言語理解76，知覚推理とワーキングメモリーは100前後，処理速度72であった。

　Aの状態として最も適切なものを1つ選べ。

① 知的能力障害

② チック症候群

③ 自閉スペクトラム症と注意欠如・多動症

④ 二次障害が起こる可能性はない

⑤ 緘黙症

（オリジナル問題）

★ ワンポイント解説

頻出の発達障害については，DSM-5の診断基準を覚えるとともに，設問文から障害特性を読み取ることが解答の鍵となる。

🔒 キーワード

発達障害 ▶P.260

知的能力障害 ▶P.260

自閉スペクトラム症 ▶P.260

注意欠如・多動症 ▶P.261

限局性学習症 ▶P.261

解答・解説

答え ③

① ✕

➡ WISC-Ⅳの結果は全検査 IQ が 88 であり,「平均の下」に分類される。知的障害は全検査 IQ の目安が 70 未満の状態とされるため,誤り。(不適切)

② ✕

➡ 設問文から,Aからチック症候群が疑われる様子は読み取れない。(不適切)

③ ◯

➡ Aにはコミュニケーションの苦手さがあるという記述から,🔒 自閉スペクトラム症(ASD)の可能性がある上,忘れ物の多さや離席など不注意や衝動性の傾向も読み取れる。(適切)

④ ✕

➡ 二次障害とは,発達障害などの一次障害の特性が,周囲の理解の欠如により過度の叱責やいじめなどを経験し,それによって精神疾患や不適応症状になること。Aは,担任からの叱責や他児と関われない状況を経験し,その後に暴れたり,落ち込むなど情緒的に不安定になっている。二次障害になる可能性は高いと考えられる。(不適切)

⑤ ✕

➡ 緘黙症は,言語能力を有するにもかかわらず,全生活場面か一部の場面で沈黙する状態が持続的に続くものである。設問文に,Aが学校場面で緘黙をしている様子の記述はない。(不適切)

【発達障害】

　発達障害とは，幼少期から認知や行動において発達の**ア****ンバランス**さがみられる状態である。原因については，脳の一部の機能に障害があるなどの外因論が一般的である。DSM-5 では「神経発達症群」の区分に分類されている。

１　知的能力障害（知的障害）

　発達期から発症し，**知能全般**と**日常生活**に必要な能力に遅れがみられる障害。ICD-10 では，**IQ** により障害の重症度を分類しているが，DSM-5 では，**適応機能**に基づいて，軽度から最重度までの４段階に分かれる。療育手帳などの判定では，知能検査の IQ の分類を使用することが多い。

重症度	軽度	中等度	重度	最重度
IQ	50〜59	35〜49	20〜34	20 未満

２　自閉スペクトラム症（自閉症スペクトラム障害：ASD）

　社会的相互性や**コミュニケーション**能力の苦手さを中心とした障害。DSM-5 の診断基準は，①社会的コミュニケーションと対人相互反応の障害，②行動・興味・活動などの限定的な反復様式，の２症状である。これらの症状が**発達早期**からみられ，**日常生活**に支障をきたしていることも診断の条件となる。

　スペクトラムとは L. Wing（ウィング）が提唱した概念で，自閉症的な特徴を持つ人々を①社会性の障害，②コミュニケーションの障害，③想像力の障害という「三つ組の障害」としてまとめ，包括的に捉えたという経緯がある。

ASD の具体的な症状例は，以下のとおりである。

社会的コミュニケーションと対人的相互反応の障害	言葉の遅れ，言葉を字義通りに捉える，会話が続けられない，独語・エコラリア（オウム返し），冗談や比喩が理解できない，対人交流への意欲が希薄，友人関係を適切に築けない，他者の意図を理解しづらい（幼少期は視線が合わない，表情が乏しい，など）
行動・興味・活動などの限定的な反復様式	限定的な興味（電車など），こだわりが強い，感覚過敏・感覚鈍麻，ごっこ遊びが苦手，常同行動

❸ 注意欠如・多動症（注意欠如多動性障害：AD/HD）

不注意（活動に集中できない）と**多動性・衝動性**（落ち着きがない）の問題を主症状とする障害。DSM-5 では，主症状が 12 歳以前から出現し，**社会適応を妨げている**ことも診断条件となる。主症状の状態により，①不注意優勢，②多動・衝動優勢，③混合の３つに分類され，ASD との重複診断が可能である。AD/HD の特性によって，対人トラブルや失敗体験が多いことから自尊心が低下しやすく，**二次障害**にもなりやすい。

❹ 限局性学習症（限局性学習障害：SLD）

全般的な知的発達に遅れはないが，**学業的機能**が実年齢よりも著しく低い障害。知的障害や視覚・聴覚等の障害，環境的要因が影響しないことが前提である。DSM-5 では，**読字障害，書字表出障害，算数障害**の３種類，文部科学省の定義では，**聞く，話す，読む，書く，計算する，推論する**能力の６領域の一部に困難さを持つものとされている。日常生活で困難さがみえづらく，教育場面で問題として現れる場合が多い。

子どもの精神障害　

問　3歳の女児A。Aはネグレクトで児童相談所に保護された。Aは非嫡出子として出生した。母親はAの情緒的要求に応じることが乏しく，Aを家に放置することが多かったため，一時保護に至った。保護をして1か月が過ぎた。Aは職員とはコミュニケーションはとれるものの，怪我をするなど困ったときには助けを求めることがない。就寝時に絵本を読みきかせたところ，Aは興味を示し，楽しい場面に笑顔を見せた。

　Aに考えられる障害として，最も適切なものを1つ選べ。

① 広汎性発達障害

② 反応性愛着障害

③ 重度精神遅滞（知的障害）

④ 分離不安症／分離不安障害

⑤ 注意欠如多動症／注意欠如多動性障害（AD/HD）

（2018年追試　問64）

★ ワンポイント解説

虐待を受けた児童がどのような心理的問題を抱えるかについて理解しておこう。

🔒 キーワード

反応性愛着障害（反応性アタッチメント障害）▶P.189

分離不安障害（分離不安症）
▶P.264-265

解答・解説

答え ②

① ×

Aは職員とはコミュニケーションはとれる

➡ 広汎性発達障害は，現在では**自閉症スペクトラム障害**の一種とされている神経発達症。**社会性・コミュニケーション**の障害が主とされているが，Aにはその領域における困難さはみられない。（不適切）

....

② 〇

・母親はAの情緒的要求に応じることが乏しく，Aを家に放置することが多かったため，一時保護に至った

・怪我をするなど困ったときには助けを求めることがない

➡ 🔓 **反応性愛着障害**は，虐待などの不適切な養育環境に置かれることで生じる。Aはネグレクトにより，助けを求めても無視される環境で育ったと考えられる。Aの，困ったときに助けを求めることができない状態の背景には，母親との愛着関係の問題があると思われる。（適切）

....

③ ×

➡ 重度精神遅滞（知的障害）は，知能指数（IQ）が 20 ～ 34 で，全般的な生活に困難が生じる障害を指す。（不適切）

....

④ ×

➡ 🔓 **分離不安症／分離不安障害**は，親などの愛着対象から離れることに過度の不安を示す状態を指す。（不適切）

....

⑤ ×

➡ 注意欠如多動症／注意欠如多動性障害（AD/HD）は，不注意，注意・集中の維持の困難，衝動性の制御の困難といった症状が生じる障害である。（不適切）

【分離不安障害（分離不安症）】

　本問の正答である反応性愛着障害（反応性アタッチメント障害）については，P.189 を参照。ここでは，子どもにみられる障害の一つである分離不安障害について解説する。

1 　分離不安障害とは

　分離不安障害は，DSM-5 では**不安症群**に分類されており，「愛着を持っている人物からの分離に対する**発達的に不適切**で，**過剰な恐怖または不安**」とされている。就学前の児童が親などの愛着対象から離れることに不安を示すのは正常であるが，分離不安障害ではそのような不安が**持続的**であり**過剰**であるということが特徴である。

　具体的な症状としては，一人でいることへの持続的な不安があるために，一人で出かけること，一人で就寝することへの**抵抗または拒否**が生じる。また，愛着対象からの分離を**予期**すると，腹痛や頭痛などの**身体症状**を訴える場合もある。そのため，**不登校**などの原因となり，社会的な活動に支障をきたすことがある。

　こうした不安または不安を**回避**するような行動が，子どもや青年では**4週間以上**，成人では**6か月以上**持続することが診断基準の一つとなっている。

　なお，分離不安障害の診断基準には，上記のような不安の源が**自閉スペクトラム症**における変化への過剰な抵抗や，他の精神障害における分離に関する**妄想・幻覚**など，他の疾患によって説明することが困難であることが含まれる。

❷ 背景

分離不安障害の背景としては，親が軽い事故に遭うなど，愛着対象の喪失を予期した体験がある可能性が考えられる。しかし，本人の症状と原因となるエピソードが親の中で結びついていないために，詳細な聴取がなければ分離不安障害のきっかけがわからないことも多い。

また，親自身が不安になりやすい傾向があると，子どもは親の不安を学習し，新しい状況を過剰に不安なものと理解し，それによって社会的不適応が生じることがある。

❸ 治療方法

分離不安障害の治療においては，まず親がこの障害について正しく理解できるよう**心理教育**を行うことが重要である。そして，子どもが安心感を感じられるような関わりを親ができるように支援することも必要である。

分離不安障害が重症化している場合には，**選択的セロトニン再取り込み阻害薬（SSRI）**などの抗うつ薬を用いる場合がある。そうでない場合には，**行動療法，心理療法，心理教育**など，さまざまな心理的アプローチが用いられる。

【参考】子どもの不安障害

不安障害全体の子どもの場合の有病率は，10％前後といわれている。特に分離不安障害の有病率は2～5％と指摘されている。

睡眠障害

問 45歳の男性Ａ。Ａは数か月前から，どれだけ疲労を感じていても熟睡することができなくなった。2週間前にかかりつけの内科を受診し睡眠薬を服用するようになったが，服薬を開始しても改善がみられず，近頃は布団に入ってから数時間たっても眠れなくなった。寝不足のため集中力が低下し，職場でもミスが増え上司から叱責されることも多くなった。上司に不眠を打ち明けると心療内科を受診することを勧められたため，公認心理師が在籍する心療内科を受診した。不眠以外の精神症状・身体症状は認められなかったため，主治医から公認心理師Ｂに，Ａへの心理的支援をするよう指示があった。

Ｂによる Ａへの対応として，適切なものを1つ選べ。

① 不眠についての正しい知識と理解を深めることを目的とし，睡眠についての心理教育を行う。

② 筋肉の疲労が睡眠導入を促進することから，寝る前に30分間の筋トレをすることを勧める。

③ 睡眠時間を長くすることを優先するため，毎日できる限り早く床に就くよう促す。

④ アルコールには睡眠導入を促進する作用があるため，2日に1回晩酌をするよう指示する。

(オリジナル問題)

★ **ワンポイント解説**

睡眠障害の治療は主に投薬治療が行われるが，近年は投薬治療と並行して，心理的アプローチも行われている。

🔒 **キーワード**

睡眠障害 ▶P.268
CBT-I ▶P.269

解答・解説

答え ①

① ◯

①不眠についての正しい知識と理解を深めることを目的とし，睡眠についての心理教育を行う

➡ 🔒 CBT-I (cognitive behavior therapy for insomnia) の手法の一つである，睡眠教育・睡眠衛生に関する記述である。CBT-I は不眠症に対する**認知行動療法**。（適切）

② ✕

➡ 不眠症に対するアプローチの一つとして，筋肉の弛緩を促す**リラクセーション**の効果が認められている。よって，筋肉の緊張を促す筋トレは，不眠症へのアプローチとしては逆効果である。（不適切）

③ ✕

➡ 寝床に横になっている時間と，実際に寝ている時間のずれを**減少**させることが，不眠症への有効なアプローチとして認められている。（不適切）

④ ✕

➡ 睡眠前のアルコール摂取は，**交感神経が高ぶり睡眠の持続性が低下する**ため，不眠症には逆効果である。（不適切）

クライエントの睡眠障害について十分なアセスメントを行い，どのようなアプローチが効果的であるかを整理するとよいでしょう。

【 睡眠障害 】

　DSM-5 によると，睡眠障害の分類とその定義は以下のとおりである。

不眠障害	**入眠困難**，**中途覚醒**（睡眠維持困難），**早朝覚醒**のいずれかにより満足のいく睡眠がとれず，QOL が持続的に損なわれる状態。 週に**3日以上**かつ**3か月以上**症状が持続しているもの。
睡眠時随伴症	入眠時・睡眠中・覚醒時に生じる望ましくない行動。代表的なものは以下のとおりである。 ①**睡眠時遊行症**　睡眠中に歩行やその他複雑な行動が生じる。行動時，開眼していたとしても自覚症状はない。いわゆる**夢遊病**。 ②**睡眠時驚愕症**　夜間，突如叫んだり暴れたりするといった行動が生じる。**夜驚症**ともいう。
睡眠時無呼吸症候群	睡眠中に無呼吸（**10秒以上**呼吸が停止した状態）と低呼吸（息を吸う深さが浅くなった状態）を繰り返す。
ナルコレプシー	**日中**に過度の眠気や，通常起きている時間帯に制御不能の強い眠気が繰り返し生じる状態。時として，笑う・怒る・怖がるなどの強い感情の動きがあった際，筋肉の力が抜け頭がぐらつく・呂律が回らなくなる・体の姿勢を保てなくなるといった症状（**カタプレキシー**）が現れることもある。

【 不眠に対する認知行動療法 】

不眠に対する認知行動療法である CBT-I の主な介入は，以下の手順に沿って行われる。

①心理教育・睡眠衛生指導	・食事や運動，**カフェイン**の摂取，**昼寝**の仕方などの指導をする。 ・不眠の知識や不眠を維持している悪循環について説明し，理解を深める。
②リラクセーション法	・**漸進的筋弛緩法**ともいう。意図的に筋肉を緊張・緩和させることによって，身体の緊張状態とリラックス状態を意識しやすくし，身体の緊張をコントロールできるようにする。
③刺激統制法・睡眠制限法	・寝床にいるのは実際の睡眠時間＋ 15 〜 30 分程度にする。 ・寝られないときは寝床から出る。 ・寝床では睡眠と性交渉以外はしない。
④刺激統制法・睡眠制限法＋減薬指導	・③に加え，介入前の服薬の**4分の1**の量ずつ，**1〜2週間**かけて減薬していく。 ・減薬後に不眠症状が悪化した場合には1段階前の量に戻す。

厚生労働省による「睡眠 12 箇条」もチェックしておきましょう。
（インターネットで「睡眠 12 箇条」で検索してください。）

心的外傷後ストレス障害 （知識）

問 28歳の女性A，会社員。3か月前，会社から車で帰宅した際，交通事故に遭った。ボンッと大きな音を立てて車が壊れ，なんとか車から這い出ることで，Aは軽傷で済んだ。しかし，それ以来，車を運転すると対向車が今にもぶつかってくるのではないかと恐怖に駆られ，あの時のボンッという大きな音が聞こえてくるように思えて，運転を避けるようになった。Aは，「自分が運転をすると必ず事故に遭うのではないか。こんなダメな自分は周囲の人からできそこないだと思われているのではないか」という思いに駆られるようになった。

Aに認められる症状として，<u>不適切なもの</u>を1つ選べ。

① 侵入症状

② 回避症状

③ 覚醒度と反応性の変化

④ 認知と気分の陰性変化 　　　　　（オリジナル問題）

★ ワンポイント解説

心的外傷後ストレス障害（PTSD）の4つの主症状と，それらによって具体的に起こることを整理しておくとよい。

🔒 キーワード

心的外傷後ストレス障害 ▶P.272

侵入症状 ▶P.272

回避症状 ▶P.272

覚醒度と反応性の変化 ▶P.272

認知と気分の陰性変化 ▶P.272

① ✕

車を運転すると対向車が今にもぶつかってくるのではないかと恐怖に駆られ，あの時のボンッという大きな音が聞こえてくるように思えて，運転を避けるようになった

➡ 🔓 **侵入症状**は，外傷体験を意図せず想起することを指す。実際にその出来事が今起こっているように再体験する**フラッシュバック**も含まれる。（適切）

② ✕

運転を避けるようになった

➡ 🔓 **回避症状**は，外傷体験を思い出させるものごと（活動，状況，人物など）を避けることを指す。（適切）

③ ◯

➡ 🔓 **覚醒度と反応性の変化**は，睡眠や注意・集中の維持の困難さや，自分の感情や反応をコントロールすることが難しくなることを指す。これらに当てはまる記述は設問中にない。（不適切）

④ ✕

Aは，「自分が運転をすると必ず事故に遭うのではないか。こんなダメな自分は周囲の人からできそこないだと思われているのではないか」という思いに駆られるようになった

➡ 🔓 **認知と気分の陰性変化**は，ものごとに対する否定的な認知，興味や関心の喪失，孤立感などを指す。（適切）

【心的外傷後ストレス障害（PTSD）】

PTSD は，DSM-5 において，心的外傷およびストレス因関連障害群に含まれる障害である。「実際にまたは危うく死ぬ，重傷を負う，性的暴力を受ける出来事」を自分自身が直接体験すること，または他人に起こった出来事を目の前で目撃すること（テレビなどによるメディアを通じて見たものは含まれない）により生じる心理的反応とされている。具体的な出来事としては，犯罪被害，交通事故，自然災害，虐待などが挙げられる。

PTSD の主症状は以下のとおりである。これらの症状が，4週間以上にわたって症状が続くことが特徴である（2日〜4週間以内に症状が消失する場合は急性ストレス障害）。

侵入症状	外傷体験を意図せず想起すること。実際にその出来事が今起こっているように再体験するフラッシュバックも含まれる。
回避症状	外傷体験を思い出させるものごと（活動, 状況, 人物など）を避けること。
覚醒度と反応性の変化	睡眠や注意・集中の維持の困難さや，自分の感情や反応をコントロールすることが難しくなること。ちょっとした刺激にも非常にびくつくことや，イライラしたり無謀な行動をとったりすることもこれに含まれる。
認知と気分の陰性変化	ものごとに対する否定的な認知，興味や関心の喪失，孤立感など。幸福感の喪失もこれに当てはまる。

※ PTSD のサブタイプとして解離症状を伴うものもある。

【 PTSD に対する主な治療方法 】

1 薬物療法

　基本的には心理療法が主な治療となるが，不眠や強い不安感，抑うつ症状がみられる場合には，抗うつ薬や抗不安薬，気分安定薬などが主に用いられる。

2 心理療法

①曝露法／曝露反応法（エクスポージャー）

　安全な環境で，不安や恐怖を喚起する出来事や事物と向き合うことで，それらに対する馴化（慣れ）を図り，不安を和らげる。具体的には，不安や恐怖の度合いを段階的に示した不安階層表を作成し，最も不安度の低い出来事や事物から順にイメージしたり実際に体験していく。

② EMDR（眼球運動による脱感作と再処理法）

　トラウマに関連して思い出される場面の記憶や否定的な感情・感覚などに意識を向けながら，治療者の手の動きを目で追う。そのような眼球運動に沿って気づいたことを報告し，トラウマ体験から心理的に距離を取ることを目的としている。

【参考】持続性エクスポージャー

　E. Foa によって提唱された PTSD の治療のための認知行動療法プログラム。恐怖対象となる出来事や記憶と安全な状況下で繰り返し向き合うことで，症状の軽減を目指す。

認知症の症状

問 80歳の女性Ａ。Ａは２年前にAlzheimer型認知症と診断され，親族と近所の住人の支援を受けながら一人暮らしをしている。要介護１で週３回デイサービスを利用しているが，当日が利用日かどうかの判断は難しく，迎えが来たら行くという状態である。買い物には付添いが必要で，親族の声かけで買い物の支度を始めるが，途中で何をしていたかわからなくなる。また，買ってきた食材を組み合わせて複数の料理を作ることは困難だが，味噌汁だけを作ることはできる。洗濯機を回し，洗濯が終わっていることに気づけば干すことはできる。ATMの暗証番号は覚えられず，操作も難しい。一人でいつも行っていた美容院に出かけるが，辿り着けず，道に迷ってしまう。また，Ａはかつて親しく行き来していた知人宅に「家に押しかけて来て迷惑だ」と怒鳴り込んだことがある。しかし，その知人は病気の後遺症で歩行困難で，一人で外出することはなかった。

Ａの事例についての説明として，<u>不適切なもの</u>を１つ選べ。

① 見当識障害がある。

② 記憶障害があり，理解・判断力も低下している。

③ 記憶障害は進行しているが，手続き記憶については残っている。

④ 幻視がある。

⑤ 遂行機能は低下している。 （オリジナル問題）

★ ワンポイント解説

認知症に関する基本的な情報を整理し，認知症の種類や症状を確認しておこう。

🔒 キーワード

認知症 ▶P.276
中核症状と周辺症状
▶P.276-277

解答・解説

答え ④

① ✕

・当日が（デイサービスの）利用日かどうかの判断は難しく，

・美容院に出かけるが，辿り着けず，道に迷ってしまう

➡ **見当識障害**があるといえる。（適切）

. . . .

② ✕

・買い物の支度を始めるが，途中で何をしていたかわからなくなる

・ATM の暗証番号は覚えられず，操作も難しい

➡ **記憶障害**と**理解・判断力の低下**が認められる。（適切）

. . . .

③ ✕

味噌汁だけを作ることはできる。洗濯機を回し，洗濯が終わっていることに気づけば干すことはできる

➡ ②のように**短期記憶**などの記憶障害は進行しているが，家事については**手続き記憶**として残っている。（適切）

. . . .

④ 〇

知人宅に「家に押しかけて来て迷惑だ」と怒鳴り込んだことがある。しかし，その知人は病気の後遺症で歩行困難で，一人で外出することはなかった

➡ 客観的にあり得ないことを訴えており，**被害妄想**の症状があると考えられる。**レビー小体型認知症**等でみられる幻視は，**実在しないものが生々しく見える**。（不適切）

. . . .

⑤ ✕

・買い物には付添いが必要

・買ってきた食材を組み合わせて複数の料理を作ることは困難

➡ ものごとを行う際に計画を立て，順序立てて効率よく行うことができなくなる**遂行機能障害**が認められる。（適切）

【認知症】

　認知症とは，脳の変性疾患や脳血管障害によって，記憶や思考などの認知機能の低下が起こり，6か月以上にわたって日常生活に支障をきたしている状態である。

■1　認知症の種類

Alzheimer（アルツハイマー）型認知症	脳の中に**アミロイドβ**という蛋白質が溜まり，正常な脳の神経細胞を壊して萎縮させる病気。認知症の中で一番多いとされる。**記憶障害，見当識障害，遂行機能障害**，徘徊，妄想等の症状が現れる。
脳血管性認知症	脳の血管障害（脳梗塞，脳出血，くも膜下出血等）によって起こる認知症。脳血管障害が起きた後，認知症の症状が急激に出現し，よくなったり悪くなったりを繰り返しながら進行する。症状は障害が起きた脳の部位により異なる。
レビー小体型認知症	神経細胞にできる特殊な蛋白質であるレビー小体が大脳皮質や脳幹に集まり神経細胞を壊すことで認知症の症状が現れる。**記憶障害**を中心とした認知症の症状と，**パーキンソン症状**，繰り返す**幻視**が特徴である。他の認知症と比べて進行が早い。
前頭側頭型認知症	神経変性による認知症で，前頭葉や側頭葉前方の萎縮が見られる。**ピック病**は，前頭側頭型認知症の一つ。その初期には，物忘れ等はあまり見られず，**人格の変化**や**非常識な行動**などが目立つ。そのため，他の精神疾患との鑑別診断が重要である。

■2　中核症状と周辺症状（BPSD）

　認知症の症状は，①脳の細胞が壊れ，その細胞が担って

いた役割が失われることで起こる**中核症状**と，②その**中核症状**によって引き起こされる二次的な症状である**周辺症状**（BPSD：Behavioral and Psychological Symptom of Dementia）の2つに分けられる。

> **中核症状**
> 記憶障害，遂行機能障害，見当識障害，言語障害（失語），理解・判断力の低下，失行・失認　など

もともとの性格 ⟶ ⟵ **環境・心理状態**

> **周辺症状（BPSD）**
> 妄想，不眠，抑うつ，幻覚，興奮，徘徊，暴力，意欲の低下　など

❸　軽度認知障害（MCI: Mild Cognitive Impairment）

認知機能に問題が生じてはいるが**日常生活には支障がない**という，健常者と認知症の中間に当たる状態である。

> **軽度認知障害（MCI）の定義**
> ❶記憶障害の訴えが本人または家族から認められている
> ❷日常生活動作は正常
> ❸全般的認知機能は正常
> ❹年齢や教育レベルの影響のみでは説明できない記憶障害が存在する
> ❺認知症ではない

❹　若年性認知症

65歳未満の人が発症する認知症。仕事や生活に支障をきたすようになっても，年齢が若いため認知症を疑われなかったり，**うつや精神的ストレス，更年期障害**等と間違えられることもあり，診断までに時間がかかることも多い。

向精神薬 知識

問 45歳の男性Ａ，製造会社の経営者。Ａは２年前に業績不振を経験し，その頃から激しく落ち込む時期と気分が非常に高揚している時期を繰り返すようになった。落ち込む時期には，抑うつ気分や睡眠障害を訴え，夜眠れず，朝早くに目が覚める。会社にも行かず昼間もずっと布団の中にもぐっている。一方，気分が高揚している時期には，非常に多弁になり，今の会社を大きくしたいと将来の夢を饒舌に語り，必要以上に社員を増員したり，会社の規模には不相応な機械を導入したりする。Ａを心配した妻が，Ａに病院を受診するよう促した。

Ａが病院にて処方される可能性の高い向精神薬を1つ選べ。

① リチウム

② 三環系抗うつ薬

③ 定型抗精神病薬

④ ベンゾジアゼピン系抗不安薬

⑤ SSRI（セロトニン再取り込み阻害薬）

(オリジナル問題)

★ ワンポイント解説

各向精神薬がどの疾患に適用できるのか，また，主な副作用については押さえておきたい。

🔒 キーワード

向精神薬 ▶P.280
定型抗精神病薬 ▶P.280
リチウム ▶P.281
ベンゾジアゼピン系抗不安薬
▶P.281

向精神薬に関する問題は，
公認心理師試験で頻出です。

| 解答・解説 | 答え ① |

① ○

激しく落ち込む時期と気分が非常に高揚している時期を繰り返すようになった

➡ Aはうつと躁を繰り返す双極性障害である可能性が高い。🔒 リチウムは双極性障害の薬物治療において, もっとも推奨されている。(適切)

② ×

➡ 三環系抗うつ薬は, 双極性障害において推奨されていない薬物である。(不適切)

③ ×

➡ 🔒 定型抗精神病薬は統合失調症の治療に適用される薬物である。双極性障害の治療において, 非定型抗精神病薬が使用されることもあるが, 定型抗精神病薬は推奨されていない。(不適切)

④ ×

➡ 🔒 ベンゾジアゼピン系抗不安薬は不安障害や不眠の治療に適用される薬物である。双極性障害の治療に用いられることもあるが, 第一選択ではない。(不適切)

⑤ ×

➡ SSRIはうつ病, 不安障害, 強迫性障害などの治療に適用される薬物である。(不適切)

【 向精神薬とは 】

　中枢神経系の機能を変化させ，気分，知覚や認知といった精神活動に作用する薬物の総称である。

　抗精神病薬や抗うつ薬といった，いわゆる精神疾患の治療に適用される薬物の他，タバコ，アルコール，麻薬や覚せい剤なども向精神薬に含まれる。

【 主な向精神薬 】

1　抗精神病薬

定型抗精神病薬	統合失調症に適用。主な副作用に錐体外路症状がある。錐体外路症状には，アカシジア（四肢のむずむず感），パーキンソン症状（無動，振戦，筋緊張，姿勢異常），ジストニア（筋肉が固まったり，けいれんしたりする），遅発性ジスキネシア（口をモゴモゴさせる，口を突き出す，口を繰り返しすぼめるなど）がある。
非定型抗精神病薬	統合失調症，双極性障害，うつ病などに適用。比較的錐体外路症状はみられないが，体重増加や糖尿病悪化のリスクがある。

2　抗うつ薬

三環系抗うつ薬	うつ病に適用。主な副作用に抗コリン作用（便秘，口の渇き，胃の不快感）がある。
SSRI	うつ病，不安障害，強迫性障害などに適用。副作用として消化器症状（悪心，嘔吐，下痢），賦活症候群（神経過敏，焦燥，不安），セロトニン症候群（体温の上昇，高血圧，手足が勝手に動く，不安，興奮）などがある。

| **SNRI** | うつ病，不安障害，強迫性障害などに適用。副作用として消化器症状（悪心，嘔吐，下痢），不眠，振戦，頭痛などがある。 |

3 抗不安薬

| **ベンゾジアゼピン系睡眠薬・抗不安薬** | 不安障害，不眠症などに適用。副作用として，反跳性不眠（服用の急な中断による反動から生じる強い不眠状態），筋弛緩，転倒，健忘などがある。通常量を長期服用することによって身体依存が生じる常用量依存も副作用の一つである。依存は半減期が短いものほど生じやすい。 |

4 気分安定薬

| **リチウム** | 双極性障害などに適用。副作用としては，振戦，頻尿などがある。また，長期使用によって腎機能低下，甲状腺機能低下，副甲状腺機能亢進などがみられる。 |

【参考】半減期

　血中の薬物濃度が半減するまでにかかる時間のこと。半減期が短い薬の場合，その効果は短時間となる。一方，半減期の長い薬は，長時間にわたって効果がある。

向精神薬の副作用 知識

問 28歳の男性Ａ。Ａは１か月前に幻覚妄想状態を発症し，１週間前に精神科病院を受診した。統合失調症と診断され，抗精神病薬の投与が開始された。本日の早朝，家族の呼びかけに反応がなく，無動であったため，精神科病院に救急車で搬送された。意識障害，40℃台の高熱，発汗，頻脈，血圧上昇，四肢の筋強剛及び振戦を認める。頭部CT検査と髄液検査に異常はなく，血液検査では，白血球数の増加，炎症マーカーの亢進及びクレアチンキナーゼ（CK）の著明な上昇を認める。尿は暗赤褐色である。

Ａの病態について，適切なものを１つ選べ。

① 熱中症
② 悪性症候群
③ 急性ジストニア
④ セロトニン症候群
⑤ 単純ヘルペス脳炎

(2019年試験 問70)

★ **ワンポイント解説**

向精神薬の副作用については，具体的にどのような症状かも理解しておこう。

🔒 **キーワード**

悪性症候群 ▶P.284

解答・解説   答え ②

① ×
→ 熱中症は，大量発汗することによって，水分と塩分の体
   内でのバランスが崩れ，体温調節がうまく機能しなくな
   る状態のこと。症状としては，体温の上昇，頭痛，吐き
   気，倦怠感などさまざまなものがある。（不適切）

....

② ○
→ 抗精神病薬投与後の，筋固縮，高熱，意識障害などの症
   状は，🔒 悪性症候群である。（適切）

....

③ ×
→ 急性ジストニア（不随意な筋収縮）は抗精神病薬の副作
   用ではあるが，急性ジストニアでは高熱や意識障害はみ
   られない。（不適切）

....

④ ×
→ セロトニン症候群は，抗うつ薬（特に SSRI）でみられ
   る副作用である。（不適切）

....

⑤ ×
→ 単純ヘルペス脳炎とは，主に単純ヘルペス1型の感染ま
   たは免疫力低下による再活性化によって生じる重篤な急
   性脳炎である。初期に発熱，頭痛がみられ，数日後に意
   識障害，けいれん発作を起こす。命に関わる病気である
   ため，早期治療が重要である（不適切）

【 向精神薬の重篤な副作用：悪性症候群 】

悪性症候群とは，主に抗精神病薬を服用中に生じる副作用である。発生頻度は高くないが，早急な治療がなければ，死に至る危険性がある非常に重篤な副作用である。

症状としては，高熱，発汗，意識障害（ぼーっとする），頻脈，錐体外路症状（手足の震えや身体がこわばる筋強剛）などがある。

薬の投与後1週間以内に発症することが多い。また，薬の減量，中止後に発症することもある。

【 向精神薬と依存 】

ベンゾジアゼピン系抗不安薬・睡眠薬は，処方量どおりに服用していても，長期服用によって身体依存が形成されることが知られている（常用量依存）。

したがって処方の際には，漫然と処方を継続するのではなく，容量および使用期間に十分に注意して投与することが医療者には求められている。

【 薬物乱用と薬物依存 】

1 薬物乱用

薬物乱用とは，社会のルールに反した薬物の使用をすることである。具体的には，覚せい剤や麻薬の製造販売・所持・使用は法律で禁止されているため，これらを使用することは薬物乱用に該当する。また，シンナーなどの有機溶剤を吸引することや，睡眠薬や向精神薬を医師の指示に従わず過剰に摂取することは本来とは異なる使い方であるため薬物乱用といえる。

② 薬物依存

薬物乱用を繰り返すことによって，自らの意志では薬物を
やめられない状態になることを**薬物依存**という。薬物依存は
身体依存と**精神依存**の2つに分けられる。

身体依存	長期使用していた薬物を減薬または中断したときに，離脱症状と呼ばれる身体反応（例：手のふるえ，発汗など）や精神症状（例：幻覚など）が現れることである。この離脱症状を抑えるために，再び薬物の摂取をしたくなる。 なお，もともとの使用量では効果がみられなくなることを耐性という。耐性によってこれまでの効果を得るためにより多量の薬物を摂取することになる。
精神依存	薬物に対する渇望と欲望を抑えきれない状態のこと。

③ フラッシュバック

薬物乱用によって**幻覚**や**妄想**などの症状があった場合，その後治療などによって薬物使用を中断していても，些細な刺激（アルコールなど）やストレスによってそれらの症状が再燃することがある。これを**フラッシュバック**と呼ぶ。**フラッシュバック**を体験することによって，再び薬物を使用するようになることも少なくない。

主な向精神薬と副作用については，P.280〜281を参照してください。

Index

さ行

参考文献一覧

◆一般財団法人日本心理研修センター監修『公認心理師現任者講習会テキスト［改訂版］』金剛出版，2019 年

◆児玉佳一編著『やさしく学ぶ教職課程 教育心理学』学文社，2020 年

◆高橋三郎・大野裕監訳／染矢俊幸・神庭重信・尾崎紀夫・三村將・村井俊哉訳『DSM-5 精神疾患の診断・統計マニュアル』医学書院，2014 年

◆川上憲人「精神疾患の有病率等に関する大規模疫学調査研究：世界精神保健日本調査セカンド総合研究報告書」2016 年

◆下山晴彦監修／熊野宏昭・鈴木伸一・下山晴彦著『臨床心理フロンティアシリーズ 認知行動療法入門』講談社，2017 年

◆松永寿人「強迫性障害の現在とこれから：DSM-5 に向けた今後の動向をふまえて」『精神神経学雑誌』第 114 巻第 9 号，P.1023-1030，2012 年

◆春原由紀編著『子ども虐待としての DV：母親と子どもへの心理臨床的援助のために』星和書店，2011 年

◆森田美弥子・金子一史編『心の専門家養成講座① 臨床心理学実践の基礎その 1：基本的姿勢からインテーク面接まで』ナカニシヤ出版，2014 年

◆金井篤子・永田雅子編『心の専門家養成講座② 臨床心理学実践の基礎その 2：心理面接の基礎から臨床実践まで』ナカニシヤ出版，2015 年

◆松本真理子・森田美弥子編『心の専門家養成講座③ 心理アセスメント：心理検査のミニマム・エッセンス』ナカニシヤ出版，2018 年

◆速水敏彦・吉田俊和・伊藤康児編『生きる力をつける教育心理学』ナカニシヤ出版，2001 年

◆森敏昭・秋田喜代美編『教育心理学キーワード』有斐閣，2006 年

◆無藤隆・森敏昭・遠藤由美・玉瀬耕治著『心理学』有斐閣，2004 年

◆本城秀次・野邑健二・岡田俊編『臨床児童青年精神医学ハンドブック』西村書店，2016 年

◆永井良三監修／笠井清登・三村將・村井俊哉・岡本泰昌・近藤伸介・大島紀人編『研修ノートシリーズ 精神科研修ノート［改訂第 2 版］』診断と治療社，2016 年

制作協力

◆分担執筆者（五十音順）

内山和希 公認心理師・臨床心理士。就労継続支援B型「ピュアルトエンターテイメントアカデミー」に勤務。

浦田有香 公認心理師・臨床心理士。名古屋大学大学院博士後期課程満期退学。乳児期の母子関係支援を研究。

大澤和代 公認心理師・臨床心理士・産業カウンセラー。病院勤務の他、産業分野で心理職として従事。

岡野太郎 公認心理師・臨床心理士・中学校・高等学校教諭一種免許状（数学）。神戸学院大学心理学部実習助手。

児玉（渡邉）茉奈美 博士（教育学）。2018年より株式会社イデアラボにて研究員として勤務。

柴田京介 臨床心理士・公認心理師。元県立高等学校および特別支援学校教諭。

鈴木康平 公認心理師・臨床心理士・精神保健福祉士。児童精神科クリニック勤務。

土原浩平 キャリアコンサルタント。公認心理師試験合格（未登録）。修士（心理学）。日本ITビジネス研究所株式会社勤務。

鶴田裕子 臨床心理士・公認心理師。名古屋大学大学院教育発達科学研究科博士後期課程在学中。

寺本 亮 臨床心理士。公認心理師試験合格（未登録）。産業領域を中心に臨床実践に従事。

野田昇太 公認心理師・臨床心理士。博士（人間学）。武蔵野大学人間科学部非常勤講師。

◆協力（五十音順）

大武陽一（内科医たけお） 医師・公認心理師。youtube：『心身健康tv』

近藤和輝 言語聴覚士・公認心理師。

廣藤稚子 臨床心理士・公認心理師。

【著者紹介】

山崎　有紀子（やまざき　ゆきこ）

1973 年三重県生まれ。心理系大学院受験対策塾プロロゴス主宰。明治学院大学文学部心理学科卒業後，愛知淑徳大学大学院コミュニケーション研究科心理学専攻博士後期課程満期退学。大学非常勤講師，心理系大学院受験対策講座講師を経て現職。著書に『心理院単』『心理英語読解 & 文法マスター』（ナツメ社），『心理英語問題集』『臨床心理士・指定大学院合格のための心理学問題集』（いずれも分担執筆，オクムラ書店）などがある。

ホームページ：https://www.prologos.jp

メール：info@prologos.jp　　YouTube：『しんりし tv』

- 組版協力：株式会社 千里
- イラスト協力：さややん。
- 編集協力：株式会社 エディット
- 編集担当：山路和彦[ナツメ出版企画]

ナツメ社Webサイト
https://www.natsume.co.jp
書籍の最新情報（正誤情報を含む）は
ナツメ社Webサイトをご覧ください。

本書に関するお問い合わせは，書名・発行日・該当ページを明記の上，下記のいずれかの方法にてお送りください。電話でのお問い合わせはお受けしておりません。
・ナツメ社 web サイトの問い合わせフォーム　https://www.natsume.co.jp/contact
・FAX（03-3291-1305）　　・郵送（下記，ナツメ出版企画株式会社宛て）
なお，回答までに日にちをいただく場合があります。正誤のお問い合わせ以外の書籍内容に関する解説・受験指導 は，一切行っておりません。あらかじめご了承ください。

いっぱつごうかく　こうにんしんりし　じれいもんだい　とくてんりょく　もんだいしゅう
一発合格！ 公認心理師 事例問題 得点力アップ問題集

2021年11月1日　　初版発行
2022年10月10日　　第 4 刷発行

著　者	山崎有紀子 ©Yamazaki Yukiko, 2021
発行者	田村正隆
発行所	**株式会社ナツメ社** 東京都千代田区神田神保町1－52　ナツメ社ビル1F（〒101－0051） 電話　03(3291)1257（代表）　FAX　03(3291)5761 振替　00130－1－58661
制　作	ナツメ出版企画株式会社 東京都千代田区神田神保町1－52　ナツメ社ビル3F（〒101－0051） 電話　03(3295)3921(代表)
印刷所	広研印刷株式会社

ISBN978-4-8163-7087-8　　　　Printed in Japan
〈定価はカバーに表示しています〉〈落丁・乱丁本はお取り替えします〉